法官手记
不义之财

张世琦 著

辽宁人民出版社

© 张世琦　2021

图书在版编目（CIP）数据

法官手记. 不义之财 / 张世琦著 . —沈阳：辽宁人民出版社 , 2021.1（2022.1 重印）
　ISBN 978-7-205-09964-0

　Ⅰ.①法… Ⅱ.①张… Ⅲ.①案例—汇编—中国 Ⅳ.① D920.5

中国版本图书馆 CIP 数据核字 (2020) 第 183305 号

出版发行：辽宁人民出版社
　　　地址：沈阳市和平区十一纬路 25 号　邮编：110003
　　　电话：024-23284321（邮　购）　024-23284324（发行部）
　　　传真：024-23284191（发行部）　024-23284304（办公室）
　　　http://www.lnpph.com.cn

印　　刷：辽宁新华印务有限公司
幅面尺寸：145mm×210mm
印　　张：9
字　　数：186 千字
出版时间：2021 年 1 月第 1 版
印刷时间：2022 年 1 月第 2 次印刷
责任编辑：娄　瓴
封面设计：琥珀视觉
版式设计：白　咏
责任校对：刘再升
书　　号：ISBN 978-7-205-09964-0
定　　价：36.00 元

序

  每个人的一生都可以写出一本书，我也不例外，但我不想写自传。因为我年纪大了，所剩时间不长，要抓紧时间写人间百案。1979年至2008年，我在辽宁省高级人民法院当法官。审理案件是我这一生的主要工作，我就想把我审理过的和在当法官期间了解到的案件，挑选一些写出来。让人们知道，在中国大地上，曾经发生过这样一些案件。

  我们审理的每一起刑事案件，都有公安机关的侦破卷宗、检察机关的审查起诉卷宗、中级人民法院的一审卷宗。因此，我有条件接触案件的全部真实情况，这使我写这套书有取之不尽、用之不竭的素材。

  我写案件就想平铺直叙，就像用录像机把案件的发生、发展、结局录下来给人看，不想为了吸引读者而人为地编造曲折情节，因为这会损坏案件的"原汁原味"。至于案件能反映出什么问题，仁者见仁，智者见智，要由读者自己去感悟。尽管每案之后有一句警语，那也只是从一个角度发出的一家之言。

大千世界，无奇不有。书中有些案件很离奇，貌似虚假，例如发生在大连地区的"孙长太挥泪杀母"案等。对这样的案件，我都详细写明了发案的具体地点和当事人的真实姓名，以便有兴趣的读者核查。有的案件，涉及当事人的名誉、隐私，为了不侵害他们的权益，不给他们的亲属带来不好影响，也为了避免产生不必要的麻烦，对他们的姓名做了必要处理。

书中讲述的都是发生在人们身边的普通案件。我认为，能绊倒人的石头不在于大小，小石头更有危险性；能启人警醒的案件也不在于大小，小案件也能反映出大道理。

我已退休多年，我写的这些案件也离我们逐渐远去，但对人们仍有警示意义。根据案件内容的不同，这套书分《爱恨之间》《不义之财》和《法不容情》三本，共计159件案件。这些案件就像隆隆作响的暮鼓晨钟，告诉人们：清醒吧，警惕吧。须知：一分警惕，十分安全；一分麻痹，十分危险。

张世琦

2019年3月19日写于沈阳

目录

序 /001

帮助讨债 /001
不是正道 /008
善恶一念间 /015
防人之心不可无 /020
莫生邪念 /024

邪道发财 /029
伸手必被捉 /032
危险关系 /035
驾驴车行窃 /040
马英遇险 /043
引狼入室 /051
钱财招贼 /056

托人办事	/061
案件私了	/068
法官受贿	/074
执法者犯法	/083
财路诱惑	/087
丢自行车	/091
思想出错	/096
歪门邪道	/102
心存侥幸	/108
一念之差	/112

他们是同伙	/116
避债不还	/120
伺机作案	/125
一错再错	/128
露财危险	/134
以颈试剑	/139
贼妻被偷	/143
贼在身边	/146
亏损之后	/151
丧失警惕	/156
捡到财物	/161

发财美梦	/167
拦路抢劫	/173
全家犯罪	/177
官商勾结	/181
偏离正道	/186
女骗男抢	/194
合伙经营	/197
钱没到手	/201
遗产之争	/209
多条贼路	/218
受到牵连	/226
赶紧自首	/230
监守自盗	/238
赌徒末路	/244
捡钱不还	/248
一步走错	/254
可怜之人	/259
夜深人静	/267
雇用一人	/272
夏荣购房	/276

帮助讨债

有些人犯罪纯属偶然，一不小心，就成了犯罪分子，被抓进去了。关世安第一次犯罪就属于这种。此后，他的命运被完全改写。

关世安被辽宁省锦州市中级人民法院判处了死刑，羁押在黑山县看守所。我们复核这起案件时，在看守所提审室见到了他。

他被押送到提审室，打量着我们，我们也在注视着他。他坐稳后，我问："你叫什么名字？"

"关世安，"他答完也问我们，"你们是哪儿的？"

我说："是辽宁省高级人民法院的。"

他认真地说："是省高法的呀！什么时候送我走？"

"你往哪儿走？"

他惊讶了，问："你们不是来复核的吗？"

别看他是法盲，可是在看守所里关押时间长了，也懂些法律。按照《刑事诉讼法》的规定，中级人民法院判处死刑的案件，尽管被告人不上诉，也必须经过上级法院复核无误才能执行死刑。

我告诉他："你先把事情讲清楚，难道要执行死刑以后才说？"

"哎，这都是命里注定。我犯到这儿了，有人命，活不成了。"

"你上诉了吗？"

"上什么诉，听天由命吧！"说到这儿，他的声音变小，眼里开始流泪。这个话题就算告一段落。沉默一会儿，他问："有烟吗？给我一支。"

我不吸烟，就让书记员小田给他一支。因为我知道，在看守所囚室里是不准吸烟的，但提审时除外。

他吸着烟，就从头至尾向我们讲述他的犯罪经过和犯罪原因。

他说他是辽宁省铁岭市辖区内的开原市（辽北县级市）的农民。他的两个姐姐都已出嫁，住在邻村。他和妻子、6岁的儿子以及年过花甲的父母五个人一起生活。父母年纪大了，儿子又小，家里的一切农活儿全由他和妻子两个人干。妻子体瘦力薄，他就是家里的顶梁柱。

那是初秋的一天傍晚，关世安在地里收完苞米回到家，站在猪圈门前喂猪，邻居宋华祥过来跟他说："你上哪儿去了，我找你一天没找到。"

"在地里掰苞米。找我有啥事？"

"海城有个小子欠我5000元，怎么要也要不回来，我寻思光靠打电话不行，咱今晚儿多去几个人帮我把钱要回来。"

"你自己去不行吗？"

"我自己去肯定要不回来。咱多去几个人，他就不敢欺负我了。"

关世安犹豫了,觉得这样的事儿不应该轻易帮忙,但又找不到什么理由拒绝,就说:"我干一天活儿累坏了,明天再说!"

宋华祥说:"别等明天,我已经找好三个人了,他们一会儿就来。咱乘火车去,上车就坐着呗,也用不着你干什么活儿,下车走不了几步就到他家,要完咱就回来。你要睡在火车上也可以睡,晚间车上人不多,来往路费和晚饭费,一分钱不用你掏。你去吧,就像旅游一样,就这样定啦!"

关世安想拒绝,但没好意思说出口。他之所以想拒绝,是因为心里隐隐感到,这么多人去要钱容易出事儿,此行凶多吉少。他又想:人生福祸,全由天定,一切听天由命吧!他的这种"一切听天由命"的思想也是断送他一生的重要原因。

不一会儿,宋华祥找来的人到齐了,关世安就在"听天由命"的思想支配下跟他们去了。

宋华祥买了火车票,领关世安等四人下火车,直奔欠他钱的于凤全家。

那时是晚上 9 点钟左右,于凤全在家。宋华祥倚仗人多势众,进屋就来硬的,对于凤全说:"你欠我的 5000 元得给我,手头没有,就出去借一借。"这口气没有商量的余地。

于凤全说:"咱把账算一算,算清楚再说。"

原来,宋华祥曾经领一支装修工程队给于凤全家装修,讲好的工钱是 18000 元。装修完,于凤全给了 13000 元,剩 5000 元没给。于凤全的理由,一是装修质量有问题,二是一时没有那么多钱。事后,宋华祥多次打来电话要钱,于凤全先是说暂时没钱,后来又说,由于装修质量不好,不少地方开胶、裂缝,不得不找人重新装修,这样一来,工钱、料钱花费很大，到底谁欠谁的双方得坐下来算账。在这种情况下，宋华祥才领人来要钱。宋华祥说："我们原先讲好的工钱是18000元，你还欠我5000元。你先把这5000元还我，如果质量真的有问题，我给你修，或者另外打官司。"

于凤全说："不把账算清楚，怎能稀里糊涂就先给5000元呢？"

宋华祥不讲方法策略，依靠人多势众，说："反正我们今天来了不能白来。"说完就"牛不饮水强摁头"，自己动手去翻于凤全家的抽屉、衣柜，想翻出钱拿着就走。

于凤全阻止说："怎么，想抢啊！"宋华祥不理他，仍然要继续翻钱，于凤全不让，两人就厮打起来。

面对这种情况怎么办？人群中确实有智力低下、头脑简单的，见宋华祥跟于凤全打起来就上前助战，摁住于凤全的手。于凤全不服，奋力挣脱。这时不知是谁从于凤全家找出绳子，大家一齐动手把于凤全双手反绑上。

当时于凤全家只有他和8岁的女儿、50多岁的母亲，他妻子没在家。女儿吓得连哭带号，母亲吓得抖如筛糠。宋华祥他们五个人，一没打人，二没砸东西，把于凤全的双手捆好后就开始满屋四处翻钱。

关世安没想到会出现这种情况，出现这种情况还应该怎么办，他糊涂了。应该说，在这之前，他是被骗来的。现在情况发生了变化，不再是讨债，而是打架、抢钱，性质变了，他不应该再参与，应该转身离去。可是，他没有，他跟着大伙儿一起翻钱。其中一人从大立柜里的衣兜里翻出1万多元。宋华祥说："只拿8000。其中5000元是他应该给的工钱，另外3000是我们来要钱的路费、饭费、工钱。"宋华祥点了8000元揣兜里,然后对大伙说:"撤!"这五个人便扬长而去,钻进夜幕。

事后,于凤全的老母亲因为受惊吓抽搐,被送进医院,虽然两天后出院了,但于凤全忍受不了这口窝囊气,到公安机关报案,声称他家遭到一伙歹徒抢劫。

公安机关立案侦查,确认构成抢劫犯罪,很快就把宋华祥、关世安等五人全部抓获,查明事实后,关世安是从犯,被法院从轻判处有期徒刑4年,随后投入锦州市高山子监狱劳动改造去了。

从来没离开过家乡的关世安,在秋收大忙季节扔下田地里大片待收的庄稼,被关进监狱,而且一押就得押4年,真是受不了。白天劳动时,他把愁事、琐事忘到脑后,一到晚上躺下来睡觉,思念家乡、挂念妻儿父母的心绪就怎么也平静不下来。家里的农田谁来收?谁来播种?父母身体怎么样?他们会怎样挂念自己?关世安实在待不住,决定寻机脱逃。

第二年7月16日上午,他们一伙服刑人员被押出监外,到甜菜地里干活儿。机会来了,关世安趁看守的管教没注意钻进附近苞米地,迅速逃跑。

逃脱成功了,但跑出来之后怎么办?身无分文,吃什么?到哪儿安身?这些他都没想。当时正是夏季,他脱下囚服,光着膀子,光着脚丫,顺着壕岗、河边,像耗子一样偷偷地鼠窜。见前面人多了就钻进庄稼地。跑出的第三天,他来到辽宁省黑山县一村庄附近,见四周无人,就溜进村边的王素琴家。他没吃的、没穿的,也没钱,就想进屋弄点儿吃的、穿的,再弄点钱。王素琴是个70多岁的老太太,一人在家。她见一个陌生人闯进来,立刻警觉起来。

关世安说:"给我点儿饭吃,给我件衣服穿,给我找双鞋。"

王素琴打量着眼前站着的这个疯子一般的陌生人,问:"你从哪儿来?你的衣服、鞋哪去了?"

"我在河边洗澡被人偷走了。"

锦州地区方言特性比较明显,老太太一听,他不是本地人怎么会孤身一人到这边的河里洗澡?对来路不明的人不能相助。老太太就进一步盘问。关世安是个逃犯,经不起盘查,被问得张口结舌。老太太一看他吞吞吐吐的样子,就让他走,并要喊人。关世安见大事不妙,再加上要吃的、穿的心切,就硬性抢劫。他拽起老太太家的一根木方,往老太太头上一连砸了三四下。老太太倒地身亡。关世安翻出了衬衣、胶鞋,找到一盆饭,来不及穿和吃,把这些东西全拿到旁边的庄稼地里慢慢处理。

再说锦州高山子监狱发现跑了犯人关世安,立即张开搜捕大网,火车站、汽车站、重要交通道口,全都严防把守。关世安家里和他的主要亲属家,也都派员去搜查。

关世安几经跋涉,先来到姐姐家。姐姐一看到他,惊慌地哭诉:"监狱里已经派人到咱家来过了,让告诉你赶紧回监狱,争取从轻处罚。"

关世安见到久别的姐姐流泪,自己也泪流不止,说:"真没想到,我从来没跟别人打过架,今天却成了罪犯。在我回监狱之前得先回家看看,我太想家了。"

姐姐陪他回到家,守候在那里的狱警一下子就把他摁住，给他戴上手铐。他见到了离开一年的家，家里人和他都在哭，双方还没说上几句话，关世安就被带走了。这一来，他又犯了两种罪，一个是脱逃罪，另一个是抢劫罪，而且抢劫罪是在狱中服刑期间脱逃时犯下的，在抢劫中又致一人死亡，罪行特别严重。

锦州市中级人民法院依照《刑法》规定，以抢劫罪判处他死刑。宣判后，关世安服判，没上诉。我们复核提审时他说："事儿都是我干的，我听天由命。命里注定让我活到今天，我不争取等到明天再死。家里的妻子、孩子、父母，庄稼、家务，我都顾不得了。人到这份儿上只有一个想法——早点儿一死，解除痛苦，别的什么也顾不得了。"

我问他："你怎么会一点儿一点儿地走到这种地步？"

"这都是命里注定，听天由命吧。当初不帮宋华祥要账就好了。一步走错，全完！"

我说："你要知道当初不该帮助要账，不去不就行了吗，办事儿怎能靠听天由命呢？"

"现在说什么都没用了，错已铸成，听天由命吧。"

最后，我们的提审在他的"听天由命"一句之后结束。

他吸完了第二支烟，我让看守人员把他送回监室。随着他那远去的背影和脚镣声，我在想：人们在生活中遇到麻烦事，如果不是听天由命，而是多加考虑，相信自己的努力，主动避开险祸，可能会避免许多人生悲剧。

做人要有主见，不能盲从他人。
做事要多思量，不能无视法律。

不是正道

不是正道，灾祸丛生。为什么？因为非法"经营"不受法律保护。离开法律，潘多拉的盒子被打开，牛鬼蛇神齐出笼，后果不说便知。

有人说，年轻的农村姑娘可以先到城里卖淫，挣足了钱再嫁人，忍受一阵子，享受一辈子。我直言不讳地告诉你：这是一条邪恶之路。

请记住，卖淫挣钱不是正道，这是悬崖峭壁。在这条路上攀爬，得性病的不少，得艾滋病的也大有人在，这还算是幸运的。死在这条路上的屡见不鲜。你若不信，我给你讲一讲林立国的案件。

林立国住在辽宁省大连市西岗区，40岁，光棍一个，没有职业，他家在七楼，是两居室的房子。他在婚姻介绍所认识了单身女张艳，两人没结婚就在一起同居。

张艳是否从事过卖淫活动无据可查，但她认识不少卖淫女，而且还知道这些人的手机号，由她联系，这些卖淫女经常在林立国家出出进进。其中有个22岁的，是林立国的干女儿，也是张艳的好朋友，叫邢慧。这三个人无职业，都不愿意找正当工作，不愿通过劳动来挣钱。要吃、要花、要享用，没钱就去偷、去抢、去骗。以前他们偷谁的、抢谁的、骗谁的，咱就不说了，因为说起来话太长，偏离主题。咱从1月20日这天说起。

这天三个人吃完午饭在床上一躺，就合计要抢谁的钱。张艳说："四川的王霞长得漂亮，卖淫时间长，她有钱，她自己租的房子住。"

林立国问："能联系上吗？"

"能。"

"让她来。"

张艳拨通了王霞的手机，说："有位先生想见见你，他有钱，出手大方，但要好看的，我看你差不多，你打扮一下赶紧过来。"随后就把林立国的住址告诉王霞。王霞说："一个小时以后，你到楼下门前接我。"张艳答应了。

到点了，张艳去把王霞领上楼。林立国一看，对王霞说："挺好，走，咱俩到西屋谈谈。"

林立国家的房子是"三阳"式，三间都朝南，中间是厨房和卫生间，东西各有一间卧室。林立国和张艳住东屋，西屋是空的，但被褥齐全。林立国把王霞领进西屋，随后插上门。男人插门，这对于卖淫女来说并不害怕，她以为可以挣钱了。

林立国插完门一转身，面露凶气，恶狠狠地朝王霞膝盖后边猛踹一脚，一下子把她踹得双腿跪地。王霞不知何故，吓得浑身发抖，不敢说话。

林立国教训她说："你干什么来了，是不是想挣我的钱？我告诉你，你们这帮卖淫的没一个好货，都是挣违法钱的。

我去公安局举报把你们个个都判死刑。今天我便宜你，不用公安局，我来教训你。你老实点儿把钱都拿出来，然后我放你回去。你要敢反抗、喊人，我立刻把你杀了。事后你要敢举报，我也能找到你。"王霞一愣，不知如何对答，她知道这是要抢她的钱。

林立国骂她："臭婊子，快掏钱！"

王霞没掏钱，冷静一下开始跟他讲理。林立国说："讲什么也没用，你卖淫，不靠劳动挣钱，我今天就来教育你。不治你，你们对社会危害太大。"

娼妓谈贞操，口若悬河语滔滔；贪官讲廉政，海阔天高语气硬。林立国这番道理讲得义正词严。他给王霞讲了许多大道理，指出卖淫必须受到处罚。见王霞还不掏钱，又打了她几个耳光，然后就从床脚拿出一根绳子，把她的手脚全给绑上。林立国明确告诉她："我就是要钱，把钱拿出来放你回去，不拿钱你就会死在这里。你是要钱还是要命，考虑两分钟。"

看那架势根本不容分说，没有讨价还价的余地。王霞说："钱在我衣兜儿里，你自己掏。"林立国一掏，才不到200元，就说："太少。我到你家去取，你把你家住址告诉我，钱和存折放在哪儿？把你家的开门钥匙给我。"

王霞自知无法跟他讲理，认为也许他去取钱，自己会有脱身的机会，反正家里也没有多少钱，就详细说出自己的住址，说出了钱和存折放的位置。林立国很狡猾，他不亲自去取，把这个任务交给了张艳和邢慧，他自己在家看着王霞。

过了一会儿张艳和邢慧把钱、存折和身份证都取来了，林立国问王霞："存折的密码是多少？"王霞一看，落到这个地步，一切钱财都可以不要，保住命就行，就说出了密码，并使用缓兵之计告诉林立国："我的钱也都不是好道来的，挣到钱，大伙儿花，你以后什么时候缺钱，说一声，何必用绳子绑我，从今以后我们是朋友。"

"你还挺聪明。这就对了。我放你回去，你能报案不？"

"就为这件事报什么案，再说我也有违法行为，我也不敢报案，以后咱当朋友走动。多个朋友多条路，也许你还能给我指一些来钱道儿。"

"你要报案，我能整死你。即使我被判刑了，也不会判死刑，不用我出来整你，我的小弟兄们就不会饶你！"

"大哥，你放心吧，咱大家挣钱，共同花。"

张艳和邢慧把存折上的钱全取出来，连从王霞家翻出的，总计才不到8000元。林立国见王霞挺老实，把绳子解开，让她自由了，但林立国不发话，王霞也没敢离开这里，就在这里继续住着。

第三天上午，林立国又用同样的方法，让张艳领来一个卖淫女，叫肖娜。张艳告诉林立国，这个肖娜长得漂亮，生意老红火了，手里至少能有三万五万的。她把肖娜一领进屋，林立国看了，果然名不虚传。这女人长得漂亮，哪都好看，像天仙一样。

林立国让肖娜跟他到西屋，肖娜去了。当时，王霞还没走，在西屋床上躺着。肖娜见屋里有人，想问怎么回事，办她们这种事，应当找个空屋。林立国进了西屋，转身插门，接着就照肖娜的膝盖后面猛踹一脚。肖娜被踹倒在地上，但她马上站起来，喝问："你干什么？！"

"我要教训教训你。卖淫违法你知道不？"

"我违法不违法关你什么事？是你让我来的。"

"让你来你就来？你知道我是让你来干什么的？要罚款。你凭什么不靠劳动挣钱？国家打击卖淫行为你不知道吗？"

肖娜可不好惹，跟他讲理。林立国说："不给你点儿厉害，你不知道国家还有法律。"说着就伸开大手，扇她耳光。林立国长得像鲁智深，那大手伸出来比扇子大，啪！啪！只两下，就把肖娜扇蒙了。接着就用绳子把肖娜的手脚绑起来，随后就翻她的衣兜、手提兜。最后又进行第二道"工序"，让她讲出住址，跟她要开门钥匙，准备让张艳和邢慧去翻钱和存折。

肖娜是烈女子，遇上这种事儿根本不老实，气得小脸煞白，浑身发抖。林立国也气得够呛，他不相信卖淫女还敢不老实。他让张艳再给找个小姐。张艳还是先用手机联系，联系好了就约定时间到楼下去接。这回接来的叫李芳梅。李芳梅22岁，长得也不错，据说，漂亮的小姐挣钱多。

林立国把李芳梅领进西屋。这时西屋除了王霞以外，还有个手脚被捆绑的肖娜。这回林立国没踹李芳梅的腿，而是直接就把她的手脚绑上，然后给她们三个人同时"上课"。肖娜能听进去吗？心想，我们卖淫尽管不对，但用不着你管。你是个强盗，有什么资格来讲"违法"与"守法"呢？林立国越讲她越来气，这时屋里已经有三个小姐，肖娜胆子也壮了，就大喊一声："救命啊！"

林立国一下子扑过去，薅住她的披肩长发，狠命地往墙上撞。随后又打又踹，这一下把肖娜打迷糊了。林立国说：

"你是不想活了！我今天杀了你，我叫你喊。你这个泼妇，把你放出去你会报案。"

当时是冬天，门窗紧闭，林立国又是住在七楼，肖娜虽然喊了一声，但一个弱女子喊的声音不大，外边没人听见。

三个小姐在一起，确实多了一点儿，林立国把王霞叫出来，问："你受到教育没？"王霞说："受到了。今后再不干这行了。"林立国说："你以后干不干我不管，今天找你，就是跟你借几个钱花。我看你比她们聪明，放你出去，你要敢报案，我指定会把你杀了，让你活不成。"

王霞说："我今天什么也没看到，什么也没听到，我回去打工挣钱，再不干这行了。"林立国确信，把她放了不会出问题。于是，王霞像小鸟出笼一样，获得自由，飞回蓝天。

王霞的屈服是暂时的、明智的，她对林立国恨之入骨，看到后去的这两个小姐真为她们担心。特别是肖娜，林立国很可能会杀人灭口。被放出来的第二天上午，也就是到了1月24日上午，她去公安机关报案，并请求公安人员赶快去解救这两个被捆绑的姐妹。

再说林立国这边，他放了王霞，不能放肖娜。他知道，像肖娜这样的人，不把她教育老实，一放出去非报案不可。当时，张艳和邢慧都不在，只有林立国和这两个被捆绑的小姐在家。林立国对李芳梅说："你在这屋好好待着，不老实，我就杀了你。"接着，他把肖娜拖出屋，说："咱俩得单独谈谈。"

李芳梅的手脚仍然被紧紧地绑着。肖娜被拖出屋后，林立国就把门反锁上。李芳梅不知道林立国与肖娜谈什么，也不知道他又会采取什么方法教训肖娜。过了不长时间，只听到从外屋传来肖娜两声微弱的声音,"我错了,我错了",再就听不到什么声音。过了很长一段时间,李芳梅又听到外屋有"哐!哐!哐!"的声音,像是劈柴、剁骨头。

原来,林立国怕肖娜被放出去报案,总让她在这里也不行,只好杀人灭口。而西屋的李芳梅就再没听见肖娜的声音,也没看到肖娜的身影,她心惊胆战,哪敢睡觉。

1月24日晚上10点钟左右有人来敲门。这时林立国和张艳、李芳梅都在屋。林立国心里明白,在正常情况下是没人来敲门的,是不是放出去的那个小姐报案了?在七楼,跑是没地方跑的。林立国走到窗前,看看是否可以出去。这时,房门开始被猛烈敲击,随后门被踹坏,几个男子同时持枪冲进屋里。林立国知道事情败露,慌不择路,拉开窗户不顾后果一下子跳了出去。

原来,是王霞报案了,公安人员来抓捕林立国。林立国从七楼跳下去当场就摔死了。李芳梅被解救,在场的张艳被抓获。在政策感召下,张艳为了争取得到从轻处罚,不仅如实交代了罪行,还协助公安机关把邢慧抓获。

林立国死亡,不再追究其刑事责任。张艳、邢慧罪行严重,都被大连市中级人民法院依法惩处。当然,张艳由于协助公安机关抓获邢慧,有立功表现,被从轻处罚了。

 邪门歪道不可取,本本分分是心安。
暴力面前别逞强,依法维权有担当。

善恶一念间

一天晚饭后,我家的电话铃响了,我拿起话筒,里面传来一个老妇人沙哑而低沉的声音:"你是张法官吗?"

我说:"你是哪里?有什么事请讲。"

老妇人声音不大而缓慢地说:"我是邵先增的母亲,邵先增昨天被鞍山市中级法院枪毙了,我感谢你……"

我马上感到,这又是一个恐吓电话。她怎么能知道我家的电话呢?我立刻跟她解释说:"关于判处你儿子死刑的事,我虽然是这个案件的主审法官,我也同意中级法院的意见,但我们辽宁省高级人民法院对案件做出的处理决定是由合议庭和审判委员会集体讨论决定的,不是哪个人的意见。"

电话里又传来那个老妇人沙哑的声音:"我一直不相信我儿子能抢劫杀人,我一直认为我儿子是被冤枉的。听说你为了复核我儿子这个案件,在鞍山市一连住了许多天,到许多地方进行复查,对公安机关认定的证据一个一个核对。知道法院没冤枉我儿子,我儿子被枪毙了我们不能埋怨,国家有法律,法院依法办案,我们只能自责没教育好儿子。听说你是个年近60岁的白发老人,在鞍山能住这么多日子认真核查证据，我儿子虽然被枪毙了，但我们心里很安稳，我们不会感到冤枉和委屈。我今天冒昧地给你打电话，就是发自内心地感谢你。打扰你休息了，对不起。"随后对方挂断了电话。

那个时候，省高级人民法院还有死刑核准权，为了确保死刑案件的质量，法院要求对死刑案件的所有证据都要全面复核。我参加了这起案件的复核，是主审法官，实地复核证据是正常工作。我感到，人民群众对国家严肃执法是理解的，是支持的。

这个老妇人的儿子叫邵先增，32岁，家住辽宁省鞍山市铁西区，他抢劫、杀人后的第四天被公安机关抓获。在确凿的证据面前，他不得不供述自己的全部犯罪事实。他供述说：

我做梦都没想到会犯罪，更没想到会成为杀人犯。我不是不承认杀人犯罪，而是说，我从一个普通人一下子变成杀人犯，只是一念之间，是弹指间的变化。

我一直找不到固定工作，今天在这里干几天，明天又到那里干几天，而更多的时候是无业待在家里。家里虽然不缺钱，但我总觉得这么大年纪了，不能挣钱，还靠家里养活，真有点不好意思。

我常听别人说谁的自行车丢了，谁家的窗护栏被撬，屋里东西被盗，还听别人说，某妇女的提兜被人抢了，哪个超市的东西被人偷了……至于盗窃和抢劫是不是很多，我也不知道，反正我就认为，可能有不少人因为缺钱而盗窃和抢劫。我由于确信这些现象的存在，不知从什么时候起，就产生了试一试的想法。这个念头使我走到了这一步。

8月13日晚上，朋友"老黑"让我到他家吃烧烤。他家开个食杂店，院子里立着两把遮阳伞，晚上虽然没有太阳，但这伞是白天打开的，晚上也还是张开的。我们坐在伞下吃烧烤，喝啤酒，唠闲嗑，到晚上10点多钟我们吃完了，我就往家走。当时是夏季，我穿的衣服不多，为了吃西瓜、吃水果方便，兜里揣了一把折叠式牛角刀。我往回走时公交车都停了，我又舍不得花钱打出租车，况且离我家也不是很远，我就沿着路边像散步一样往家走。路上行人寥寥无几，我这时产生一个念头：如果遇上单行的女人，就抢她的东西。我开始东张西望，寻找作案对象。当然，这天如果没遇到可以抢劫的，我就会平安到家，可是偏偏遇上了。

我走到中学北墙外，看见有个女的拎个皮兜从前面过来，我看前后都没人，右边是两排小树，条件挺好，就决定抢她的皮兜。有了这种想法，我就打开牛角刀，心里却怦怦直跳。我走到她跟前，用拿刀的手推她一下，另一只手猛然间抢了她的皮兜就往树林子里跑。

没想到，这个人在我身后喊："邵老二，我认识你！你把皮兜还给我！邵老二你站住！"

我放慢了脚步，她在我身后还是这么喊。我的绰号叫"邵老二"，一般人不知道，只有熟悉我的人才知道。我就开始考虑，这个人怎么能认出我呢？我也不认识她啊！

由于她不断地喊，还向我这边跑，我就站住了。既然人家认出了我，我跑也没用，就站住等她，想看看她是谁，如果是熟人，就说是跟她开个玩笑。但我这时仍然把刀握在手里，防备她反扑。

这个女人来到我跟前，我根本不认识她。她30多岁，气愤地对我说："把兜给我！要不是我认识你，今天就让你把这个兜抢走了！"

我当时没想太多，没问她是谁，也没问怎么认识我的。我由于手里有刀，就有恃无恐，胆大妄为，不想把抢到手的皮兜再还给她。她上来夺兜子，我就用刀往她身上扎。她跟我夺刀，我扎了多少刀记不清了，是想把她扎伤还是扎死，我也没细想，只是害怕事情败露，怕她喊。我现在回想起来，至少能扎她十多刀，都是扎在胸部和腹部。我看她倒了，确信她活不成，才拎着她的皮兜跑开。跑了一段路以后，我发现我身上有血，就把衣服脱下来，连手中的刀一起扔到路旁的树林里，只穿跨栏背心拎着她的兜回家了。

到家一看，皮兜是紫红色的，打开后看见里边有600多元钱，一个银行卡，一部手机，再就是一些手纸、一串钥匙等零碎东西。她的钱我还没花，银行卡里是否有钱、有多少，我都不知道，就被警察抓起来了。

对这起案件，一审法院认定他犯抢劫罪，判处死刑，剥夺政治权利终身，并处没收个人全部财产。宣判后，他上诉，理由是被害人欠他3000元不还，她有过错，请求从轻处罚。

二审法院经审理认为，上诉人邵先增提出的被害人欠3000元不还，没有事实根据；上诉人提出的被害人欠钱不还，这才将其杀害，要求从轻处罚，此点上诉理由没有法律依据。上诉人邵先增持刀抢走被害人的皮兜，其行为符合抢劫罪的构成要件，应该认定抢劫罪。他抢走皮兜后，已经完成了抢劫犯罪的犯罪行为。后来，由于被害人认出他，喊他的绰号，他唯恐罪行败露，又用尖刀将被害人杀害，在主观上有杀人灭口的目的；在客观上，实施了故意杀人行为。邵先增的这一行为又独立构成故意杀人罪。一审法院对其只定抢劫罪，并对其判处死刑，而对其故意杀人行为没认定是犯罪，不判处刑罚，这既不符合客观事实，也不符合法律规定。因此，二审法院撤销了一审判决，认定邵先增犯抢劫罪和故意杀人罪，连同另外两起抢劫犯罪，按数罪并罚原则，最后决定对其执行死刑，剥夺政治权利终身，并处没收个人全部财产。

 做人要走正道，做事要守法律。

防人之心不可无

辽南有个瓦房店。一天傍晚,在瓦房店火车站候车室,坐着一个十八九岁的农村姑娘。她在哭泣,不时地用手擦去眼角的泪水。从穿戴打扮上看,不像是外地打工的,她身边没有包裹,也不像乘车出远门的。哭的时间长了,就引起一些人的注意。

有个50多岁的男人走过来问她:"姑娘,咋的了?"姑娘没理他,用手继续擦着泪,哭出了声。又有两个30多岁的男人围过来,表示关心。这三个男人是一伙的,他们是山东省的农民,在这里打工。工程告一段落,在这里等火车去大连,然后从大连乘船去烟台回家。年纪大的是个工头,叫王修业,另两个人,一个叫张宝福,另一个叫冯立信,他俩是王修业的徒弟,是跟他到这里打工的。

这三个人在这里等火车,没事,就围在这姑娘跟前,黏黏糊糊,问一句,姑娘不理他们,他们就又问。后来从姑娘断断续续的回答中才知道:她叫周芳,18岁,是附近农村的农民。在家从井里提水时,不小心把水桶掉井里了,没捞上来,父亲一气之下踢了她两脚。她觉得委屈,就离家准备去鞍山，到姨家去住两天。到了火车站这才知道，兜里带的钱不多，不够买火车票的。去也去不成，就这么回家又不好见爸爸，她进退两难。大概是因为女人泪多，她坐在候车室的凳子上就哭起来。

王修业说："这算点儿啥事儿，你是年轻人，工作也好找，不到你姨家，到哪儿还不能找份工作干，到哪儿都可以靠劳动吃饭，就是混生活呗。"

姑娘遇到了这么大的困难，但在别人眼里不算个事儿。这三个男人轮番地劝，不断地安慰。王修业说："我们仨是山东的，我们回山东，你要不想回家，跟我们去。车票、船票一切花销我们三个人包了。给你找份工作，安排好生活，住几天再给家里来个电话，或者写封信，跟我们到山东打工去吧。"

周芳没主意，在进退两难的时候，经他们这么一说，也就同意了。他们四人先到大连，然后乘船去山东烟台。离开烟台又到了一个县城，这三个人快到家了，王修业告诉张宝福和冯立信，一切听他安排。到了县城，天色已晚，他们就在一家旅社包了一个四张床的单间。他们对周芳说："这地方不安全，让你一个人住一个房间我们不放心，既然大家有缘分走到一起了，就是一家人，住一个屋吧，还能省点儿钱。"一路上，周芳花了人家的钱，也就无法说不同意。谁知这三个人不怀好意，夜里，首先由王修业，随后又是张宝福、冯立信，他们三人把周芳轮奸了。

天亮以后，王修业对周芳说："我们村有个姓徐的人家挺有钱，家里人口也少，除了徐林这小伙子之外，还有他的父母。你先到那儿住几天，给人家当个保姆，帮助做做家务，混口饭吃挣点儿零花钱。你若觉得不满意，我再给你找别的工作。反正你的事儿我包了，不能让你没饭吃。"周芳到了这一步也只好听他的了。

王修业这边稳住了周芳，然后让张宝福和冯立信看住她，自己找个借口溜了，一个人来到徐家，对徐林和他的父母说："徐林这小伙子憨厚、能干，我从辽宁领个姑娘来，给他当媳妇。我看他俩挺般配。我明天把这姑娘领来，让她在这儿住些日子，适应适应环境，过两三个月之后，选个日子，把婚事一办，也就万事大吉了。"徐林及其父母被他这么一忽悠也就同意了。

王修业跟周芳并没说是给她介绍对象，根本就没谈结婚的事儿。周芳一直认为是让她到徐林家当保姆，所以到那之后，周芳以一个保姆的身份把一切家务全包了。这样一个农村姑娘，身体好，能干活儿，长相也还说得过去，徐林一家当然满意。他们对周芳的生活等各个方面也照顾得无微不至。

过了一个月，没出过家门的周芳想家了，就跟徐林一家人说："我在这儿干了这么多天，咱算算账，把工钱给我，我想家，要回去了。"

回家怎么能行呢！原来，周芳在这儿住了10多天的时候，王修业来了一次，看周芳在这儿生活、劳动都挺好，也挺安心，就背地里跟徐林一家要走5000元"婚姻介绍费"。这些钱包括周芳从辽宁来到这里的路费、食宿费和王修业他们三人的辛苦费。王修业拿了这5000元，自己留3000元，余下的给张宝福、冯立信每人发1000元。

周芳要回家，徐家便热情"挽留"；周芳坚决要回去，徐家便对她严加看守，锁上大门，不许她出院子。后来周芳哭着闹着要回家，徐家没办法，就向她说了实话：是徐家花5000元把她从王修业手中买下的。钱已经花出去了，就想让周芳在这儿适应一下环境，然后选个日子为她和徐林完婚。周芳如梦初醒，大哭一场，大骂王修业是披着人皮的狼，她更想回家了，不同意与徐林结婚。徐家则好言相劝，热情"挽留"。周芳无奈，就答应住几天再说。

一天，周芳趁徐家没注意，翻墙头跑出了徐家院子，一口气儿跑到派出所报案。公安机关经过调查，情况属实，派人将周芳送回家，又把王修业、张宝福、冯立信三人抓获归案。

法院经过审理，认定王修业等三人犯了拐卖妇女罪、强奸罪，判处了刑罚。针对拐卖妇女罪这一判决，三个人都上诉，说他们不是拐卖，而是为周芳介绍对象。经查，周芳说："他们三人从来就没跟我提到介绍对象的事。"于是，二审人民法院驳回了这三人的上诉，维持了一审法院的判决。王修业他们三人被送进监狱，接受劳动改造去了。

发财之路歧途多，鬼迷心窍进旋涡。
知人知面不知心，陌生人物别轻信。

莫生邪念

在辽宁省大连市万昌大酒店的1018房间里,一男两女在讨价还价。这是一个深冬的凌晨,他们都没睡,并且毫无睡意,个个精神十足,怒目圆睁,唇枪舌剑,互不让步。

坐在沙发上一个50多岁的男子,是日本商人田老板;床边坐着两个20岁左右的中国姑娘,高个子叫史梅,中等身材的叫徐芳。

徐芳对田老板说:"你给1万元,什么事没有,就像没发生这事儿一样。"

田老板是日本人,对中国话并不十分精通,有的能听懂,有的听不懂。对听不懂的,史梅就用打哑语、做手势、用笔写等方式给翻译。史梅说:"田老板,你是做生意的,破财免灾,你在别的方面省一点,就拿出1万元,把这件事摆平吧。事情平息了,你就可以集中精力做生意,多挣钱,这点损失很快就会补上。"

田老板说:"你们这是讹人,今天算我倒霉,我最多只能拿5000元,多一分钱也不行。"

徐芳说:"你不拿1万元我就报案,你这是强奸我,非让你蹲监狱不可！"

史梅说："田老板你让让步，给拿8000元吧。徐芳你也让让步，事情已经过去了，你也没什么太大损失，田老板给你拿8000元，就等于向你赔礼道歉，你就原谅他吧。田老板你拿出点儿钱，以后可别这么干了。这件事平息了，对谁都有利。"

田老板冲着徐芳说："你说我强奸就是强奸吗？你要说我杀人了，法院还能判我死刑吗？"

徐芳怒不可遏，不再言语，拿出手机就拨通了110电话，当场报案。警察认真负责，尽管这是凌晨2点钟，不一会儿几个警察就立刻来到这个房间，向报案人徐芳了解情况。原来是这么回事：

1月25日下午，田老板到中国来做生意，住进万昌大酒店1018房间，跟他一起来的另外一个人住在1015房间。这两个人住下后，洗漱完毕就到街上溜达。

他们路过一个酒吧门口，看见里边灯红酒绿，歌声悠扬，十分热闹，就进去在那里玩了一会儿。有两个姑娘主动过来陪他们跳舞、饮酒、取乐，田老板他们没拒绝。这两个姑娘就是史梅和徐芳。在酒吧里，他们一直玩到深夜12点，这时田老板对她俩说："时间不早了，我们得回去休息，明天还得谈生意呢。我们喝多了，你俩把我们送回去呗。"史梅和徐芳没拒绝。

史梅把田老板的同事送到万昌大酒店的1015房间，徐芳把田老板送到1018房间。

徐芳进房间后，由于口渴，就坐在沙发上喝了一杯水，还跟田老板唠了几句，然后进了卫生间。她没马上离开这里，也许是等史梅过来叫她，以便两人结伴回去；也许还有别的企图。田老板认为，徐芳深更半夜不回家，既陪他人唱歌跳舞，饮酒作乐，又把自己送回房间，磨磨蹭蹭不及时离去，一定是个卖淫女。田老板的这种判断使他做出了这样的决定：他把房门插上，决定跟徐芳发生性行为。

过了10分钟左右，徐芳从卫生间出来，田老板走过去，把她推到床上，要跟她发生性行为，徐芳不同意。两个人先是推推搡搡，随后就撕拉扯拽，动作越来越猛烈。至于这两个人在撕扯中说什么了，由于两人各执一词，又无他人听到，不便认定。

过了10多分钟，史梅过来找徐芳，不仅房门打不开，还听见屋里有噼里啪啦的打斗声。史梅找来酒店服务员，打开房门，看见田老板正骑在徐芳身上。田老板见房门被打开，进来两个人，这才从徐芳身上下来，对来人说："没什么事，我们在闹着玩呢。"

徐芳从床上爬起来，一边整理衣服和头发，一边说："谁跟你闹着玩！你想强奸我，没门儿！"

史梅见徐芳和田老板都在沙发上坐下了，一个说是要强奸，另一个说是闹着玩，史梅就对服务员说："您先回去吧，谢谢您，我们自己处理，如果处理不了再找您。"服务员看没发生别的问题，也就回去了。这三人就开始了讨价还价。

徐芳见自己衣服上的纽扣掉了一个，头发也被弄得乱糟糟，指着自己脖子上的两块青紫斑，对史梅和田老板说："把衣服弄坏了，必须赔偿；我身上有伤痕，这足以说明是要强奸我。今天田老板不拿出1万元，这事儿就得经官处理。"

田老板看到徐芳的衣服确实被他弄坏了，她脖子上也确实留下两块青紫斑，自己骑在徐芳身上跟她厮打的场面又被史梅和酒店服务员看见了，无法赖掉，就对史梅说："我想跟她发生性关系，她说应该先付钱，后办事。我说办完事立刻给钱，她不同意，我们俩这才扯到一起的……"

徐芳抢话说："我什么时候说'先付钱后办事'了！你就是给我100万我也不能跟你扯这种事！"两人吵起来，没完没了。田老板也觉得自己理亏，被人抓住了把柄，不得不让步，最后答应给5000元。

徐芳非要1万元不可，史梅就从中给调解。由于双方的要价和还价差距太大，两人都不让步，史梅调解不了，最后徐芳这才报警。

有人报案，司法机关当然就得处理。在处理中，徐芳说："田老板不仅摸我屁股、乳房，扯坏我的衣服，还咬我脖子，想强奸我，由于我奋力反抗，强奸才没得逞，但田老板的行为已经构成犯罪，必须依法惩处。"

田老板则说："我不是想强奸，只是喜欢她，绝对没有强奸的故意。徐芳是妓女，由于我对汉语不精通，语言沟通有困难，弄误会了，才没把嫖资纠纷处理好。我这是嫖娼未遂，不是强奸犯罪。我承认我有错，我检讨，徐芳的衣服坏了我赔。"

按法律规定，涉外案件归中级人民法院管辖。案件起诉到大连市中级人民法院，经审理，田老板被认定犯了强制猥亵妇女罪，被判处了刑罚。宣判后，田老板不服，提出上诉。辽宁省高级人民法院经过二审认为，案件事实清楚，证据确凿充分，一审法院的定罪量刑并无不当，审判程序合法，遂裁定驳回上诉，维持原判。

本来应该好好做生意的田老板，却因一时心生邪念，一夜之间成了犯罪分子，被判刑入狱。

 一旦生了邪念，离犯罪就不远了。

邪道发财

有人举报，沈阳市于洪区的香华旅社有容留他人卖淫嫖娼行为。据此，公安机关在一天深夜突然围住了这个旅社进行搜查，旅社里的人措手不及，公安人员当场抓获几名卖淫嫖娼者。

旅社老板推脱责任说："我们是旅社，有人来住宿、来休息，只要客人证件齐全，我们就给安排房间，至于他们是否是到这里来卖淫嫖娼，是否畏罪潜逃到这里来躲藏，这由公安机关来管，我们不能挨个房间去查。但可以肯定地说，我们不知道他们是到这里来卖淫嫖娼的，我们也不给找小姐、不给找嫖客。"旅社老板把责任推得一干二净。

公安人员讯问卖淫女宋某，她这样供述："主动找到我们的那些嫖客，都是在宏发超市门口修鞋的那个小鞋匠给介绍的。"

这天晚上被抓到的嫖客也说，他到这里来嫖娼，是宏发超市门前那个鞋匠给介绍的。

公安人员来到宏发超市门口，找到那个小鞋匠。经询问，这个小鞋匠说出这样一些情况：

他说他叫罗琳，今年28岁，来到沈阳打工已经7年了，一直从事修鞋工作。他在沈阳干了三四年以后，赚了不少钱，回家娶上了媳妇，有了自己的小家庭，为了多挣钱，让小家庭富裕一些，他告别了媳妇和父母，再次返回沈阳继续修鞋。

临走时他对媳妇说："我在沈阳租一间房子，在一家超市门前摆个小摊儿，在那修鞋，既不累，挣的钱还多。我在那儿再干三五年，把钱挣家来，将来我们有了孩子，抚养孩子和孩子上学读书都需要钱，只是这几年你在家够辛苦的了。"他媳妇说："不管怎样我是在家，有困难大家帮，你到沈阳要自己照顾好自己，千万别出问题。"

罗琳说："你放心好了，为了将来的幸福，有钱花，我们现在应该多挣一些。"他没想到，和妻子这一别，他竟进了监狱，让他妻子和父母大失所望。

罗琳离开小家庭一人到沈阳，没有妻子的陪伴，白天修鞋忙忙碌碌，接触不少人，还不觉得寂寞，到了晚上，一人在房间里寂寞难耐。他有时到街上溜达，遇见过卖淫女，跟她们交谈联络，经不起诱惑，约束不了自己，也曾经到个体旅社里嫖娼。他修鞋挣的钱有限，自己生活要花销，再拿出一部分给卖淫女，给家里父母、妻子的钱就少了，在经济上他感到紧张。他知道，嫖娼是违法的，远离妻子和父母，自己花钱嫖娼，对不起他们。他也下过决心，不能再嫖娼了，但有时实在寂寞难耐，忍受不了，就又往旅社去了几次，找小姐到那里开房。

管不了自己的人是危险的人。跟卖淫女接触多了，卖淫女让他帮助联系嫖客，并表示如果能找到嫖客，对他会有报答的。有个姓宋的卖淫女对他说:"你修鞋为的是挣钱,我们干这一行也是为了挣钱。如果能够互相帮助,钱就会挣得多一些。如果经你介绍,我能挣到两个嫖客的钱,我就向你免费提供一次性服务。如果你介绍来的嫖客多,我按照比例额外给你介绍费。如果遇到的嫖客大方,给得多,我再多给你一些。"

罗琳是个修鞋的,接触的人形形色色。他一边修鞋,一边寻找嫖客,在嫖客与卖淫女之间牵线搭桥,他开始在这条邪路上挣钱。

小鞋匠罗琳太糊涂了,挣钱不分正道和邪道,不看手段是否合法,不管什么钱都敢挣,他终于被戴上手铐,押进了公安局看守所。他惊愕地问公安人员:"我没偷、没抢,只是给卖淫小姐介绍嫖客从中挣点介绍费,仅仅因为这件事就把我拘留了,我不理解。"

公安人员告诉他:"向嫖客介绍卖淫女触犯《刑法》第359条第1款,处五年以下有期徒刑、拘役或者管制,并处罚金,对于情节严重的,处五年以上有期徒刑,并处罚金。介绍卖淫是犯罪行为,是要蹲监狱的。"

小鞋匠哑口无言。沈阳市于洪区人民法院经过开庭审理,认定罗琳犯介绍卖淫罪,判处了刑罚,将其送进监狱。外出打工进了监狱,怎么向家中的妻子、父母交代呢?

不知法不免责,否则,国家的法律形同虚设。

伸手必被捉

辽宁省大连市旅顺口区林水局的刘福年被逮捕了，但他的犯罪行为是在他调到这儿之前实施的。

刘福年45岁。他出生在农村，从辽宁朝阳农业学院毕业后，成为一名国家干部，在大连市旅顺口区一个镇里既当纸箱厂的厂长，又担任水利站的站长。国家对他很信任，那就应该使出全身的力气好好干呗，他也曾经下决心不辜负国家和人民的期望，要努力工作。因此，刚开始工作那几年成绩显著，为了当地的"东水西调"工程出了很多力气，解决了群众盼望已久的吃水问题，他为纸箱厂的筹建和发展也做出一定贡献。有成绩，人们有目共睹，称赞他，也不会忘记他。然而在成绩面前，他竟然放松了对自己的要求，放松了自律，一点一点变坏了，最后进了监狱。

熟悉他的人发现，他对工作曾经是废寝忘食，后来却经常忙于酒桌上的推杯换盏，舞厅里的翩翩起舞；他曾经关爱妻子、爱惜家庭，后来竟然与情妇鬼混；他曾经公私分明，后来竟敢公款私用，中饱私囊……他腐败了，变坏了。

因为什么变坏的呢？因为女人，他想婚外再有情人，为此，他走上了贪污犯罪的道路。

那年夏季，他负责的纸箱厂招录了一名年轻女工贾荣。贾荣的面貌虽然不能说是百里挑一，但她年轻，身材匀称，体态丰满，充满着青春少女的娇媚。刘福年被吸引了，他知道自己比人家大20岁，面貌也很平常，怎样才能获得贾荣的青睐呢？这时他想到了金钱万能，认为用金钱铺路，用钞票搭桥，事情就能办成。他是纸箱厂的负责人，花公款比较容易。他巧立名目，用公款买来了金项链、金手镯和皮大衣等物品，送给贾荣。

贾荣出于感激，没对他拒绝。试男人用女人，试女人用金钱。这两个人都没有经得起诱惑，在女人和金钱面前，他俩都下道了。

刘福年第一次贪污得手，心里忐忑不安，胆战心惊，唯恐罪行败露，然而，金钱的魅力对他来说实在太大，他无法抗拒。他是镇纸箱厂和水利站两个单位的"一把手"。他想用手中的权来搂钱，总是能找到机会的。

那时候，为了解决群众的饮水问题，镇里决定开始"东水西调"工程。由于刘福年是这个镇的水利站站长，工程由他具体负责。工程需要购入大量的物资设备，为了采购方便，他以镇政府的两张支票作抵押，在供销社以赊账的方式采购工程材料。随着工程速度的不断加快，购入的物资设备也越来越多。这两张支票上注明的资金很快用完了，供销社的人员拿着购物底账和发票找到了刘福年结算。每张发票都有一定金额，其所购物品是自来水设备，至于具体什么设备，发票上和购物底账上并没写得很具体、很详细，底账经过刘福年承认即可报销。这一切都是那么自然、顺利。刘福年从中发现了漏洞,认为有机可乘:发票上只显示总金额,没有明确的购物明细,也没有底账,那么就意味着夹杂其他物品也可以报销。"东水西调"是个大工程,从购买的这些物品里拿出一点,不会被人发现。刘福年怀着侥幸心理,在购买设备时,夹杂一些自己所用的家用电器等生活用品。事后,在结算购买工程材料时一起核销,即用公家的钱,买了自己的用品。

第二年,他又从纸箱厂拿出一张转账支票,到旅顺口区住宅建设开发公司为自己买了一套房屋,然后又到供销社开具买板纸等材料的发票,将此款在纸箱厂核销。

吃惯嘴,跑惯腿。一次一次的得手,使他一次比一次胆大,当然罪行也就越来越大。他的经济问题引起了纸箱厂的干部职工的警觉。他本人似乎也感觉到自己的末日即将来临,赶紧提出申请,要求离开纸箱厂和水利站,妄图逃避法律制裁。然而已经晚了,只要犯罪,不管逃到哪里,也不管过了多长时间,迟早会落入法网。

他被调到大连市旅顺口区林水局以后,问题依然被查出,在确凿的证据面前,他低下了头。

法院认定他犯贪污罪、挪用公款罪和巨额财产来源不明罪,三罪并罚。这个昔日的国家干部成了狱中囚犯,到监狱里接受劳动改造去了。

 莫伸手,伸手必被捉。
贪污者,国法不容之。

危险关系

女人靠卖淫挣钱，悲剧不断出现，不是被害就是被骗。这一年的 4 月 30 日，警方接到报案，有群众发现一具女尸。

这天清晨 5 点钟，沈阳铁路公安处信息中心的电话铃响起，值班的刑警大队副大队长拿起话筒，话筒里传来对方清晰的声音："我是沈阳北站派出所，据群众举报，在北站附近北京街立交桥的路基旁发现一具女尸。"

刑侦人员迅速赶到现场，发现女尸蜷伏在桩坑内，上身穿着米色线衣，下身穿着浅色短裤和褐色的连裤袜，脚穿白色旅游鞋。面部和体表有明显的外伤，颈部有一道深色的勒痕。周围没有打斗痕迹，很明显，尸体是被移至此处的。在现场北侧的一道大墙内发现了一包女人的衣服，其中有一套粉色的连衣裙、一个塑料袋、一双塑料拖鞋和一个黑色的女式背包。经鉴定，均是被害人之物。可以肯定，女子是被他人杀害的。

为了迅速破案，首先要查明尸源。然而，尸体身上没有任何证件。这时，北站派出所的同志提供了这样的情况：今天早晨 3 点钟左右，有个姓朴的男子请值班民警们帮助查找其女儿下落。于是,北站派出所与这个姓朴的男子进行联系,经其辨认,该被害人正是其女儿,叫朴一梅,21岁,是朝鲜族人。死前曾经在沈阳多家酒店当服务员,偶尔也当陪酒小姐。

刑侦人员来到朴家,朴一梅的哥哥反映,在4月29日晚上5点钟左右,有个人连续七八次给朴一梅打电话,朴一梅不接。到了晚上7点钟左右,这个人又打来电话,朴一梅接了,随后对家人说:"有个姓金的找我,我已经告诉他不和他交往了,这次他要到外地去,让我送他一程。"她决定要去送,但让哥哥跟她一同前往沈阳北站,她哥哥跟她去了。他们兄妹二人一前一后来到沈阳北站售票处门前,见到了那个姓金的。朴一梅送这个姓金的,她哥哥在后边跟着。可是,他们买完票在候车室里就不见了。没想到,这竟是他与妹妹的永别。

刑侦人员问他:"那个姓金的叫什么名字,是干什么的?"

"可能叫金威。没有正式工作。听说倒卖过货物,其他情况不详。"

根据这个线索和通信录上的电话号码,刑侦人员决定分成两路:一路人马查找金威及其他的金姓人员,另一路通过有关部门,查找4月29日打电话给朴一梅的全部电话及所在区域。

在沈阳市公安局户政部门的协助下,对所有叫"金威"的人全部审查一遍,结果令人失望,这些叫"金威"的人都不具备作案的可能性。而另一路传来的消息很令人振奋:在当天打电话给朴一梅的人大都集中在同一个地区,而且其中有一部电话竟然用了三次。既然金威不具备作案的可能性，那么是不是语音方面出了错误？刑侦人员想到了朴一梅的哥哥说话吐字不清，大家一致认为，应该再请求公安局的户政部门援助，查找音似之人。这么一查，一个最有可能作案的线索出现在刑侦人员眼前，即金卫，35岁，朝鲜族人，无业，曾经因为倒卖药材被法院判处有期徒刑一年。

刑侦人员决定，把金卫作为调查重点，要到给朴一梅打电话最多的地方去查。金卫的住址终于被找到，可是他父母双亡，夫妻离异，无人知道他的下落。刑侦人员决定对其住宅进行搜查。他家的房门被打开，在房间内不仅找到了死者的血迹、足迹和打斗痕迹，还找到了经凶手处理过的作案工具。无疑，金卫就是凶手，这里是第一现场。

物证找到了，犯罪嫌疑人被锁定，可是，金卫又到哪儿去了呢？刑侦人员几经周折，终于了解到他姑姑住在鞍山市。刑侦人员赶到那里，发现该处住宅已经由金卫姑姑的亲属居住，不过刑侦人员发现了金卫姑姑有个儿子叫李焕，并且找到他的联系电话，知道他住在辽宁省朝阳市。刑侦人员顺藤摸瓜，在朝阳市双塔区公安分局配合下，得知李焕因为诈骗行为正在接受公安机关审查。根据李焕的交代，金卫在5月2日到过葫芦岛，但现在去向不明。刑侦人员在金卫亲属当中继续调查了解，查找一切有关信息。

5月10日，刑侦人员来到金卫的姐姐家查访，看见他姐姐正在打电话。他姐姐见刑侦人员来了，立刻放下电话。可是刑侦人员找出了与她通电话的对方电话号码在沈阳，并且得知对方正是刑侦人员所要找的金卫。

刑侦人员在有关电信部门配合下，在沈阳市皇姑区一个小区内的住宅中找到了这部电话。经过周密布置，凌晨5点，刑侦人员敲响了这户人家的房门，屋里的人问："谁呀？"

"公安局查户口的。"

门被打开，一个穿着睡衣的女人站在门口。就在这一瞬间，刑侦人员冲进屋内，见床上躺着一个人，便问他："你是谁？"

开门的这个女人抢着说："他是我亲属。"

"叫什么名字？"

"叫金卫。"

刑侦人员立刻上前逼住这个人问："金卫，你知道我们为什么事来的吗？"金卫微微点了点头，无可奈何地把刚刚睁开的眼睛又闭上了。

原来，在2月份的一天晚上，金卫在沈阳西塔附近的一个酒店里喝酒，那里的陪酒小姐朴一梅跟他坐在一起，边饮酒，边交谈，交谈融洽，二人相见恨晚。之后两人互相留下电话号码，从此他俩不断来往，并且建立了通奸关系。至此，金卫偏离了做人的正确轨道，一步步走向足以粉身碎骨的深渊；而朴一梅开始不靠劳动挣钱，向人生悲剧奔去。

朴一梅没结婚，工作之余闲暇时间多，常常打电话约金卫到旅店鬼混。而金卫离异，一个人寂寞难耐，再加上朴一梅的姿色吸引着他，刚开始的几次见面，金卫都慷慨解囊，他认为如果有可能，可以转成恋爱关系，甚至可以跟她结婚。后来他俩关系稳定了，金卫也拿不出更多的钱，显得有些吝啬，甚至只负担支付旅店的"休息"费，而对朴一梅不再付费。朴一梅觉得他的"油水"已被"榨干",就逐渐疏远他,想甩了他,甚至不接他的电话。

由于金卫在朴一梅身上花了不少钱,无法往回要,认为被骗了,就纠缠不放。朴一梅不接他的电话,他就去她工作的酒店去找。朴一梅为了躲金卫,就换了酒店工作,金卫挨家酒店去查找,就想报复她。

4月29日晚上,金卫称自己要离开沈阳,决定跟她见最后一面,然后分手,以此为由将朴一梅骗至家中杀害,为了掩盖罪行,抛尸在路基旁的桩坑内。

金卫犯了故意杀人罪,受到法律制裁是理所当然的。但朴一梅年轻的生命无法挽回,很让人惋惜。

靠劳动挣钱,幸福无边。
靠邪路弄钱,悲剧很难避免。

驾驴车行窃

10月28日凌晨1时许,在辽宁省营口市鲅鱼圈区出口加工区佳联蘑菇厂的建筑工地上,一个窃贼正在行窃。他把这里的建筑材料偷偷地往一辆毛驴车上装。警察没看见,更夫没察觉,与此事无关的过路人看见了,立刻用电话报告给鲅鱼圈区公安分局。

公安人员赶到现场,窃贼如鼠,闻声逃窜,在慌忙中,他来不及赶走用来拉运盗窃物的那辆毛驴车,只能把它丢弃在现场。满载建筑物资的这辆毛驴车告诉人们,如果不是被及时发现,这一车的建筑物资将被盗走。公安人员的及时出现,虽然使国家免遭损失,但这个窃贼逃脱了。窃贼跑哪儿去了呢?茫茫人海,何处寻觅?

公安人员知道,只要有了这个毛驴车,破案易如反掌。毛驴虽然不懂人语,也不会供述,但它像任何家畜一样,如马、牛、羊、猫、狗等,都具有"老马识途"的习性,它会带领公安人员找到它的主人,找到主人的家。

第二天一大早,破案心切的公安人员顾不得休息,赶着这头毛驴出发了。他们信马由缰,让这头毛驴随便走,他们只是远远地尾随其后。这头毛驴下公路，上土路，走过一村又一村，随后就加快了步伐，向鲅鱼圈区海东办事处的一个村子中的院落走去。

毛驴进院了，从屋里就走出一个中年妇女，一阵欢呼雀跃，扑上前去，一把抱住驴头，嘴里喃喃地说："我的宝贝，丢了一夜，想不到不用找你自己竟然回来了……"

当她从失而复得的欢喜中抬起头，不由得吃了一惊：几名公安人员站在她面前。

这个中年妇女认出她家毛驴的场面，被这几个公安人员看得清清楚楚，她也知道，公安人员看见了她认出自家毛驴的表情，她此时明白了：聪明的公安人员是用这头毛驴找到她的家。她欲辩不能，不得不讲出这辆装满一车建筑材料的毛驴车怎么会在凌晨1点钟出现在佳联蘑菇厂的建筑工地上。

这个中年妇女没参加盗窃，但她丈夫无法逃脱。她丈夫杨亮接受公安人员的讯问，说明了全部情况。

原来，杨亮是个农民，田地里的农活儿不很忙的时候，就赶着这辆毛驴车搞运输挣点零花钱。白天搞运输时看见佳联蘑菇厂的建筑工地堆满了建筑材料，有电线、钢材、铝材、水泥、红砖等，这些建筑材料有的比较贵，如果拿到废品收购站去卖，一定会比驾驴车搞运输来钱快。这里值夜班的更夫年纪又比较大，到这里偷建筑材料，犹如囊中取物，即使被更夫发现，赶着驴车就跑，年迈的老更夫根本追不上。于是，在10月28日的凌晨，趁着夜深人静人们都在熟睡的时候，他赶着驴车偷偷摸摸地来到这个建筑工地，然后就蹑手蹑脚地往车上搬东西，专拣值钱的电线、钢材、铝材往车上装。他自己觉得，没有任何声响，没被任何人看见，就在他装满驴车，想赶车离开时，突然看见远处几个警察向他包抄过来。他一看大事不妙，只好弃车潜逃。

案件起诉到法院，法院经过开庭审理，认定杨亮已经装到驴车上的这些建筑材料是赃物。经过有关部门的估价和计算，盗窃数额巨大。虽然盗窃未遂，但根据法律规定，他被认定犯盗窃罪，判处相应的刑罚。

 地不平有人铲，违法犯罪有人管。

马英遇险

马英，38岁，在长甸乡罐头厂上班，是厂里的先进工作者、生产组长。她家离罐头厂挺远，约有5公里，全是山路，既有上坡又有下坡，没法骑自行车，步行需要50分钟。

12月28日这天，厂里庆祝元旦举行会餐，全厂职工参加。她不想参加，因为离家太远，吃完往回走太晚了。厂里还有好几个人都想走。厂长说："咱尽量快点吃，如果晚了，我派男职工送你们。"厂长这么一说，大家下班就都没马上回去，等着参加会餐。

晚上9点钟左右会餐结束，人们各自回家。厂长这时被厂里那些"酒鬼"敬得稀里糊涂，虽然没醉，但对答应派人送女职工的事儿早就忘脑后去了。马英想找厂长派人，又没好意思张口。心想，抓紧时间往回走。她穿上棉大衣，把头用块方巾包好，拎上装饭盒的提兜，就离厂往家走。

在罐头厂到她家这段路程中，比较偏僻的有两处：一处是他们厂东边有个黄土岭，那地方离村庄远，来往行人少；另一处是离她家不远有个涵洞，洞里经常钻出野猫、野狗，万一遇上能吓一跳。马英想：我是个半大老婆子，怕什么，我不招谁,不惹谁,倒霉的事儿不会在今天晚上一定让我遇上。

不怕走黑道儿,难免遇上"鬼"。自信不会遇上倒霉事儿的时候,往往就会遇上。

走到黄土岭时,她有点害怕了。道旁是个大坑,人们经常到这里挖黄土,没人管,越挖坑越大。黑灯瞎火的,马英走到这儿就觉得头皮发麻,就快跑几步。跑一会儿又觉得这一跑,脚踩路面的声音太大,容易让坏人发现,她就又放慢脚步,悄悄走,一步三回头,瞻前又顾后。她想,要能遇上个人多好啊!后来又想,要是遇到坏人,还不如不遇见,最好自己走自己的路,现在野地里动物极少,最可怕的就是人,这时最好别遇上人。

正走着,路旁真的蹿出来一个人,一下子就站到她跟前。她撒腿就跑,可是没跑几步就被这个人抓住了。她喊人,这个人就捂她嘴,踢她两脚,随后拿出一根大棒子威胁说:"你再喊,我就砸死你。你老实点儿!"

马英自知打也打不过,跑也跑不了,这下完了,非得让他强奸了不可。这个人一把抢过马英手中的提兜,一摸,里边是饭盒,就说:"把兜里钱都给我!"

马英一听是抢钱的,就说:"行。"同时,解开棉大衣纽扣,从衣兜里往外掏钱。这工夫,那个人就把她的棉大衣扒下来,抢过去。

马英急忙掏钱,唯恐动作慢了惹怒这个人。马英兜里的钱全是5元、10元的票面,还有几个硬币。快到新年了,马英他们厂给每个职工发300元,是三张大额的。马英犹豫了一下也把这笔钱掏出来。她不敢往这个人手里递,就把钱扔到地上。她想：只要不强奸我，放我走，我把身上所有的钱都给你。

这个人见马英没跑，还挺顺服，老老实实往外掏钱，就误认为女人天生胆小，好欺负，没把她放在眼里。

这个人手拿大衣、提兜、棒子，弯腰捡钱不方便，就搂着大衣和提兜不放，把棒子放在一旁，光顾捡钱。马英扔出钱财是不得已而为之，并非甘心情愿。她见这个人蹲在地上低头只顾捡钱，毫不提防，趁机捡起地上的棒子，以迅雷不及掩耳之势狠狠地照这个人后脑勺砸了一下，一下子就把他砸趴下了，接着又一连给他好几下，这个人就躺在那儿不动了。马英有些害怕，心想：会不会给砸死了，要是死了，出了人命可完了。她扔了棒子，顾不得捡大衣、提兜和钱，拔腿就往家跑。这时，她不害怕了，也不怕跑的声音大，一直跑了很长一段路，跑不动了才放慢脚步。

这时她想起前面还有个涵洞，那地方也够吓人的。人若不走点儿，一步一个坎儿。没听说有谁夜里遇上劫道的，今天让自己遇上了。到了前面那个涵洞，要是再出来一个人，自己身上分文没有，就得被拽到涵洞里给糟蹋了。她不敢再往前走，见路北村中有处灯光闪亮，就横穿野地向那家走去。

马英闯进院内，也没敲门，直接推门进屋。屋里只有两人，一个是年龄比她大不了多少的家庭主妇，另一个是坐在书桌前正在做作业的女学生，看样子有十五六岁。

马英见家里没有别人，就说："哎呀，可把我吓坏了。"随后就把刚才遇到的一切，一五一十地讲给那个主妇听。主妇万分吃惊，吓得一句话说不出来。

马英说:"你别怕,那个人已经被我打死了,你把门插上。"

"哦,插上了,门。"这个家庭主妇已经语无伦次。女学生也停下手中的笔,不再做作业。

"你爱人不在家?"

"他,他去打麻将了,有时一夜也不回来。要回来,也挺晚。"

"今天太晚了,我不敢走,你这儿有没有地方让我住一夜?"

"行。我女儿在里屋。她一直在炕头睡,你就在炕梢。炕梢如果凉,一会儿拿点柴火给你烧一烧。"

"不用了,不用了。"

谁能想到,这家恰好就是那个劫匪的家。这个家庭主妇是他妻子,女学生是他女儿,念中学。这个劫匪平日好赌,入冬以来输了不少。跟他妻子要钱,妻子不给,两口子打了好几架。

"你不给,我就去偷、去抢!"

"你愿偷就偷,愿抢就抢。你进去了,我就跟你离婚,这个家是我的。"

这天她丈夫是拦路抢劫去了还是打麻将去了,她也不知道。但她猜测,被打死的那个人有可能是她丈夫,因为丈夫说过要去偷、去抢。

深夜快到10点了,女学生到里屋躺下睡觉,这个家庭主妇到里屋铺了褥子,放上被子和枕头,把马英安排在炕梢躺下,然后她回到外屋也躺下了。

这个家庭主妇怎能睡得着?她总在想,被打死的那个人会不会是自己的丈夫？如果是，怎么对付睡在里屋炕梢这个打死自己丈夫的女人呢？马英因为受了惊吓，也一直没睡着。睡在里屋炕头的那个女学生，像听了一个与她无关的故事，很快进入了梦乡。

夜里11点多钟，有人敲门："快开门，开门。"这个家庭主妇一听是自己丈夫，下地把门打开。"哎呀，你可回来了，我还以为你出事了。"家庭主妇又惊又喜，接着就告诉他一个让他吃惊的消息：

"刚才有个老娘们儿到咱家，说她遇见劫道的了，她把劫道那个人打死在道上。我以为你去劫道了呢！多吓人。要是你，你就回不来了。"

"她在哪儿遇见劫道的了？"

"在西边黄土岭。她说劫道的拿个大棒子，跟她要钱。她掏一把扔到地上，趁那个人把棒子放在旁边蹲在地上捡钱这工夫，拽过棒子就把那个人打死了。"

她丈夫立刻打个手势，示意她说话小点儿声。躺在里屋炕梢的马英再就听不到什么。过了一会儿，外屋灯闭了。看来，这夫妻两人是上床睡觉了。这时，男的告诉女的："这个劫道抢钱的就是我。我被打昏，好长时间才苏醒过来。既然打我的人躲在咱家，这是自投罗网。不把她杀了，明天她去报案，这容易出事。再说，我只是跟她要钱，也没要她性命，她竟然下毒手，差点儿把我打死，今天非报仇不可。"说着要打开灯，拿刀去里屋杀人。

女的说："不行，一开灯，那个老娘们儿就醒了。她一醒，认出你不就完了？她连喊带叫让邻居听到，不等你把她杀了,你就先被抓起来了。再等一会儿,等她睡熟了,你进里屋,她睡在炕梢,把炕梢那个掐死就行了。咱孩子上学走得早,孩子一走,咱把尸体处理了,别让孩子知道。"

这两口子在外屋说的话,马英在里屋听不清,只是断断续续听到几个字,"炕梢""掐死她"等。马英不是傻子,她全明白了,原来被她打倒的这个劫道者,正是这个家庭主妇的丈夫。自己现在躲到歹徒的家里,情况万分危险。避坑偏落井,落井又下石。这场灾祸看来是躲不过了。

马英想穿衣、穿鞋,下地开门就跑,可是她没敢。她怕没等把衣服穿好,外屋人知道了,把门堵住,她跑不了。她想钻到炕头女学生被窝里,觉得也不行。人急生智。这时她想起个高招儿,就是把炕头那个女学生挪到炕梢,自己睡炕头,和女学生换个位,躲一时算一时。对!不是鱼死就是网破,只好这么干了。

她把她用的被子和枕头卷起来放到一边,然后到炕头去拽那个女学生的褥子,连人带被,一起拽到炕梢。随后,她把自己用的行李抱到炕头打开,躺下。她趴在被窝里一动不敢动,静静地听外屋的动静。

她觉得,这样虽然安全一点儿,但也不是长久之计,正想再图良策时,听见从外屋进来一个人的脚步声。当时正是深夜,室外很黑,室内挂窗帘,更是伸手不见五指。进来的人正是女学生的父亲,那个劫道的不法之徒。他没想到,自己女儿已被马英从炕头挪到炕梢。他站到炕梢这个人头前,双手顺着靠肩膀的枕头边逐渐往里收拢。双手掐住脖子后,满腔仇恨全汇集到10根手指上,而且两个大拇指死死扣住她喉咙，任凭这个人怎么挣扎，毫不放松。掐了约有10分钟，炕梢一点儿声音没有了，他才在黑暗中又回到外屋。随后，马英听到那个劫道者上炕、掀被的声音。这个人完成了"报复"行动，上炕入睡了。

马英又是一吓，心快从嗓眼儿里蹦出来。她静静地躺着，连翻身也不敢。她觉得，天可能快亮了，自己不能总这么躺着，无论如何得在天亮之前离开这里。怎么离开呢？开窗从窗户跑？不行，屋里黑，看不清窗缝糊没糊，也看不到插销在什么地方，乱摸乱开，声音异常，不易成功。只有一条路，就是赶紧穿衣服下地逃跑。成功了就保住性命，不成功反正是个死。她听到外屋传来男人的鼾声，就轻轻地穿衣、穿鞋，慢慢地开门离去。

女学生的母亲听到了声音，误以为外来女已经被掐死，出去的这个是自己的女儿起夜上厕所，也没在意。过了好长一段时间，不见女儿回来，就上里屋打开灯一看，确实是炕头睡的人出去了，刚转身要回外屋，这才看出女儿盖的被子不对。炕梢那个人怎么盖女儿的被子呢？一掀被，这才发现被掐死的是自己的女儿，而此时的马英逃出去已经有20分钟。

这对夫妻先是哭，随后就互骂互打。男的骂女的："臭败家的，你怎么不让我开灯？你说那个女的睡在炕梢，怎么跑到炕头去了！"女的又埋怨男的："不让你赌博，你就是不听，活该要遇灾，你没让人打死，让女儿替你死了，你怎么不死啊！"两人互相埋怨了一阵，就想下步该怎么办。报案？不行，让法院判处谁呢？吃哑巴亏吧。

再说马英没及时到家，家里人惦记，一直找到罐头厂。厂里更夫说:"早就回去了,现在厂里没人。"家里人慌了,请了邻居,把沿路的沟沟岔岔都找遍了不见踪影。正在这时,马英跑回家,一进屋就哭。大家料到是出事了,不便细问。邻居们说了声"人回来就好,我们回去休息了",然后就都走了。

在家人的追问下,马英就把死里逃生的事从头至尾讲了一遍。想报案,但考虑到把人家女孩睡觉的位置给换了,致使这孩子被掐死,这叫不叫犯罪?由于弄不清楚,怕引火烧身,没敢报案。

事情一传十,十传百,很快传出去了。

再说那家,十五六岁的中学生突然死了,马英这边把真相一传出,那个掐死自己女儿的人很快就被抓起来。他犯了抢劫罪和故意杀人罪,被判处死刑,剥夺政治权利终身。

这个女孩的母亲,既失去了女儿,又失去了丈夫,一家人只剩她孤单单一人,好不窝囊。为了寻找心理上的平衡,她一直找公检法三机关,要求追究马英的刑事责任。

在律师的指点下,这个女人对司法机关说:"马英知道自己将被掐死,既可以逃跑,也可以正当防卫,但她都没有,而是把我女儿换到炕梢,借刀杀人,让我女儿被掐死。我女儿是无辜的,根本没侵害她。马英这种行为不是正当防卫,必须受到法律制裁。"

这起案件该如何处理呢?一时难住了不少人。

 劫人钱财,必有灾难。远在子孙,近在眼前。

引狼入室

辽宁省葫芦岛市南票区人民法院开庭审理崔勇抢劫案件。在法庭上,崔勇被摘掉手铐,坐在一个凳子上,对自己的抢劫犯罪和被抓获经过作如下供述,他说:

我26岁了,一直在家务农,由于穷,至今没找到对象,没结婚。看见别人很富裕,既羡慕又嫉妒。我也想有钱,但不知道怎样才能有钱。种地,我怕累;经商,我又没那个脑子。怎样才能有钱呢?我想到了偷和抢,我曾经撬门压锁到人家去偷,但屋里的冰箱、彩电、沙发、洗衣机我搬不走,四处翻钱又翻不到,翻东西时间长了又怕被抓到。况且现在一般人很少往家放钱,就算翻到存折,不知道密码也取不出钱。后来我就想从人家兜里偷。有了这个想法,我就决定到农贸市场去看一看。为了防止行窃时被人抓到挨打,为了护身,我随身带了一把尖刀、一根小铁棍来到农贸市场。

这个市场在郊区,市场里既卖农副产品,也卖其他日用杂品。我骑自行车过来,把车锁好,就四处转悠,看一看谁兜里有钱,寻找行窃目标。

市场里人山人海，哪个人身上有钱，揣在什么地方，也不易判断。买东西的人不掏钱，就不知道他把钱放在什么地方，也不知道他有多少钱，是否值得一偷。而那些卖货的，往往是几个人一起卖，卖完把钱装进兜里，他们人多，我没法下手；有的卖完骑摩托车走了，我追不上。

这时我看见一个40岁左右的妇女一个人卖旱烟，卖完手里捏一大把钱，这把钱还没装进兜，另一只手又从兜里掏出一把，她把这两把钱放在一起，有大票的，也有小票的，她把百元的大票放在下边，把50元、20元、10元、5元、1元的小票放在上边，摞到一起，然后就一张一张地数，数了一遍又一遍，我看能有一千五六百元，而且只有她一个人，值得偷一回了。我就瞄准这个显露钱财的"傻瓜"，准备寻机下手。可是，她数完钱推自行车要骑车离开农贸市场，我看没有机会行窃，赶紧上前跟她说："大嫂，你这旱烟还有没有了，我想买点儿。"

"你能买多少？"

"买三斤二斤的。"

她说："我家有。你如果不怕远，跟我去也行，骑自行车用不上半小时就到了。"我犹豫了一下，想到在骑半小时自行车的路上，也许能有下手的机会，就说："去看看。"

她骑自行车在前，我骑自行车在后，她可能在想，又可以挣到一笔卖烟的钱了；而我在想，怎么才能找到机会偷她的钱呢？

她领我上她家，一路上没有下手机会。她家在郊区农村，有个挺大的院落，大门口有两间小房，上面挂个牌匾，写着"凤杰食杂店"。她骑自行车领我一直来到这个院子里。她放好自行车,掏出钥匙开房门,原来屋里没人,这是个好机会。我也把自行车停在院子里,跟她进了屋。进屋后她拿出一捆旱烟对我说:"这捆最好,我没舍得卖,我看你跟我这么远,也不容易,是诚心想买我的烟,我就把这捆卖给你。"

我环视了一下四周,家里确实无人,院子里也没有人,我就掏出随身带的尖刀,对准她的脸,说:"我不买烟,我是来跟你借钱的,你把兜里的钱都给我!"

她吓得惊慌失措,浑身发抖,但就是不肯掏钱。我说:"快把钱拿出来,我饶你一命!"她转身往外跑,我当然不会让她跑出去,紧紧拽住她,说:"你把兜里的钱都拿出来!"她一边跟我厮打,一边喊:"快来人啊!"

在厮打中我往她身上扎了几下,已经记不住了,但我掌握好分寸,没往她要害部位上扎。我觉得扎得不重,因为我没想杀死她,只想不让她再喊,让她老实点儿,以便我把钱抢走。我扎她,她见出血了,吓坏了,老实了一点,我很快就从她兜里掏出那一大摞钱,夺路而逃。这时,她丈夫在大门口的食杂店里听到喊声,跑出来,把我堵在院子里。我来不及骑自行车,拿着刀跟她丈夫厮打。她丈夫的手、胸、肩被划伤,也没抓住我,我挣脱了拼命逃跑。那个女的和她丈夫带着伤、流着血,在我身后紧追不舍,并大喊:"抢钱啦!快抓住他!"

我不害怕,因为我知道,我手里有刀,现在许多人不愿意管这些闲事,我可以放心大胆地跑,身后这两个人有伤,跑不过我。

街上没有多少行人,身后这两人也离我越来越远,眼看就要逃脱了。这时,从路旁一个服装店里冲出两个男子,一个50多岁,一个20多岁,事后知道他们是父子俩。这两人半路拦截要来抓我。我说:"你们不要命了吗?谁敢抓我,我就要谁的命!"那个50多岁的男子说:"你不要拿死来吓唬我,我们不怕你。你今天跑不了了,你赶紧把刀扔了。你要敢拿刀伤我们,法院就能判你死刑!"

由于他俩阻拦,影响我的逃跑速度,身后那一对夫妻也就离我越来越近。为了争取时间,我不再跟这父子多说,奋力挣脱,快速逃跑。我在前面跑,四个人在后边追,而且一边追一边喊人。

我对这个地方不熟,忘记了来的路线,跑到前面遇到一条小河,河上有个独木桥,我的速度放慢了,身后这四个人追到我跟前。我看看那个独木桥很窄,桥下河水能有多深我也不知道。我拿着刀转过身,对这四个人说:"你们谁要不怕死,就往上冲,我已经走到了绝路,我跟你们拼了!"

我拿刀冲向这一个,另外三个人就往上来,他们始终跟我保持一定距离。我拿刀扎不到他们,他们却可以抛石头打到我。我们僵持了很长一段时间,他们谁也不肯离去,都不肯罢休。那个50多岁的男子还不断威胁我,说:"你今天跑不了了,我们宁死也不会让你跑掉。"由于他们人多,我抵得了这个,抵不了那个,就这样,被他们当场抓住。我抢的钱,全被他们拿回去,一分不少。他们当场打我一顿,出了气,才把我送到派出所。

尽管我曾经到人家去偷钱,但一分没偷着;这次虽然抢到了,也一分没享受到。平时人们常说劳动致富,不理解其意义,这件事教育了我,我将来出狱后,不会再偷、再抢,我会靠劳动挣钱。

富贵靠勤劳,岂能靠偷抢?
有财不外露,坏人要谨防。

钱财招贼

4月14日,辽宁省本溪市一家水泥厂下属的机械队核算员于世强和工人李百贺从通远堡取回3万元,赶回来已经是下午4点多钟了,看看快要下班了,这些钱一时用不上,放哪儿呢?于世强就把它放到办公室靠西北墙角的更衣箱里,加上锁。到了下班时间,他和李百贺就回家了。

俗话说,钱财招贼,可是这笔钱并没显露在外。他俩取回多少钱没人知道,把钱放在哪儿了也没人看见,应该是比较安全的。

当晚11点半多钟,夜深人静,机械队办公室的更夫老宋头儿在梦中被敲门声惊醒,问:"谁啊?"门外传来男人的声音:"看来你们挺辛苦啊!"来人没说自己是谁,丧失警惕的老宋头儿也没问清楚来的这个人是谁,就下地给打开房门。门一开,出现在眼前的是两个蒙面男子,他俩不由分说,挥拳就往老宋头儿的头上、脸上乱打一阵,然后把他推到床上,捆住他的手脚,还用老宋头儿的枕巾把他的嘴给堵上。怕枕巾堵不牢,这两个人又用绳子往他脸上、头上缠了两道。一个歹徒对老宋头儿说:"你不许喊、不许动,我们不是要你的命,就是来取点东西。"

对这突如其来的情况,老宋头儿莫名其妙,吓得浑身发抖,想喊,嘴被堵得严严实实,喊不出来;想跑,手脚被绑得结结实实,跑不了。进屋这两个人都用黑布蒙着面部,无法看清他俩相貌。这两个人把老宋头儿捆好后,不翻屋内任何东西,直奔办公室靠西北墙角的更衣箱。箱子被撬开,他俩拿走里面的全部钱款便扬长而去,置老宋头儿死活于不顾。老宋头儿拼命挣扎,挣扎了好长一段时间才把绳索挣开,他立即给附近的本溪市南地公安派出所打电话报案。这时已经是4月15日的凌晨1点多钟。

公安人员接到电话报案,立即赶赴现场进行侦查。经过勘查,发现散落在屋内水泥地上的一张白纸上留有半枚水鞋后跟的脚印,清楚地显示出空心六棱的条纹,就再没发现其他任何有用的线索。随后刑侦人员展开了广泛的调查。

办公室里有两个更衣箱,另一个没被触碰过,书桌的抽屉以及其他可以装贵重物品的地方都没被翻动,唯独这个装着钱款的更衣箱被撬开,钱款被拿走。显而易见,作案人是知道在这个更衣箱里放着巨额钱款。

公安人员分别询问了放钱款的于世强和李百贺,他俩都说:"我们放钱的时候,谁也没看见,也没接触过任何人,只是放完以后跟车间的刘主任说了。因为我们把这么多的钱款放在办公室,不能不告诉他。"刑侦人员又询问刘主任,刘主任说:"对这个情况我没跟任何人说。"既然如此,风声是如何透露出去的呢?

在广泛的调查了解中,有一位工人向刑侦人员反映:"我昨天晚上值夜班，下班后到浴室去洗澡，看见有一辆'26型'自行车停放在我们机械队的围墙边。"

"什么时间？"

"我是半夜12点下班，下班我就去洗澡。"

"那台自行车有什么特征？"

"就是一般的自行车，不新也不旧，没什么突出特点，是用一根线锁锁的。"

刑侦人员得到这么一点点线索，如获至宝，很快在全厂范围内近百台自行车中，找到两台"26型"自行车是用线锁锁的。其中一台是大修车间工人张静海的，他平时没什么可疑点，况且与刘主任、于世强和李百贺没什么联系，也没来往。那么，他的自行车为什么会在深更半夜停放在机械队的围墙边上呢？

刑侦人员知道，破案要依靠群众。依靠群众如鱼得水，离开群众就像树断根。他们又进一步在群众中调查了解，甚至对知情人的家属也进行调查了解。李百贺妻子说："4月14日李百贺下班回家就在沙发上睡着了。邻居李庆丰到过我家。"刑侦人员又去找李庆丰，李庆丰在没有跟单位任何人打招呼的情况下，已经不知去向，下落不明。

也许世上真的有神灵，苍天不会让作恶的人逍遥法外。在司法实践中经常遇到这种情况，案件侦破到"山重水复"时，突然就会"柳暗花明"。就在此案侦破工作陷入困境时，本溪市公安局南地派出所接到沈阳站公安派出所打来的电话，说是有个叫李庆丰的男子情况可疑，拒不回答公安人员的任何问话，根据他身上携带的证件，知道他是本溪市南地人。

公安人员驱车来到沈阳,把李庆丰押回本溪,对他进行讯问,他基本不回答,偶尔也反问公安人员:"我是不是有权不回答你们?"

真是"捉贼要见赃,捉奸要见双;无赃也无双,嘴巴硬邦邦"。公安人员到李庆丰家搜查,提取了一双水鞋印,经比对,现场的那半枚足迹正是李庆丰的水鞋所留。在李庆丰的身上又搜出大量现金,在确凿的证据面前,他不得不交代犯罪事实。

事情是这样的:4月14日那天,李百贺去通远堡取钱,下班回家感觉很累,就在沙发上躺了一会儿,不知不觉睡着了。这时邻居李庆丰来了,见李百贺不理他,睡着了,想退出来,说:"这也不是睡觉时间,睡什么觉呢!"蒙眬中的李百贺听见了,说:"我今天去通远堡了,取点钱,累坏了,钱都没来得及存,放在办公室更衣箱里就回来了。"

"不会丢啊?"

"不会。更衣箱在西北墙角,不显眼,没人注意。"

李庆丰见他一直躺在沙发上,就说:"你确实累了,我来闲走走,没什么事,你睡吧,我走了。"李百贺又继续睡觉。

腐肉招蝇,钱财招贼。就这么短短的两句对话,李庆丰知道了在他们办公室西北墙角的更衣箱里放着一笔现金。如果去拿,如同探囊取物,唾手可得。他想自己发这笔财,又没这个胆量,就找到了张静海,说明情况。发财心切的张静海竟然不怕乱子大,表示同意,两人经过密谋,协同作案,就把这笔钱拿来平分了。张静海觉得,自己与李百贺没联系，此案没人会怀疑到自己，也就心安理得，稳如泰山。而李庆丰就不同了，李百贺丢了钱，自己可能成为被怀疑对象，因为是李百贺对自己说出的放钱地点。李庆丰认为，只要自己离开本溪市就万事大吉了，于是他就像鸵鸟那样，遇到危险就顾头不顾腚，携款躲了。

李庆丰被戴上手铐接受讯问，他像做了一场噩梦，感到做好事百日不足，做坏事一日有余。突然之间，自己由一个工人一下子就变成了犯罪分子，别妻离子，将会被关进监狱，悔不当初！

 要想人不知，除非己莫为。

托人办事

大连造船厂的青年工人孙金生在大连天津街闲逛，偶遇初中同学张宝成，两人多年未见，这次相遇就闲唠了一会儿。

孙金生爱吹嘘，说："我现在当工人，在造船厂干得挺舒心。我有个亲戚在省里当局长，我是不愿当官，要愿当，让他把我调到省里，当个科长、处长没问题。"

张宝成心眼儿特实，说："我正筹备结婚，想买点服装、家具、炊具什么的，你的能力大，交际广，在哪方面能帮帮忙让我少花点钱？"

孙金生不假思索，马上说："这容易。我这个人比较实在，能办成的就告诉你我能办成，不用你再去求别人；办不到的我也不瞎吹，别耽误你的事。服装、炊具，我都不行。要说买家具还可以。我姐夫是木材公司经理，你象征性地花几个钱，可以拉一汽车木材回家，要什么样的家具就随便做，能省不少钱。"

张宝成说："今天我是该着办事顺利，遇上你了，省了不少钱。我兜里才带1000多元，买木材我得花多少？"

"现在木材涨价了，1000元什么也买不了，至少得有

2000元。你要到家具店，2000元只能买一张质量一般的床。这样吧，你这1000元我先拿着，然后我再给你垫上1000元，照2000元花，我垫的钱，你取木材的时候再还给我，我暂时不用。"

"行，太感谢你了！"

"别说感谢，一说客套话就把关系说远了。说不定以后我还有求你帮助的时候呢！"

就这样，孙金生把张宝成的1000元拿到手。孙金生根本没有姐姐，更没有姐夫，哪来的"在木材公司当经理"的姐夫呢？

人熊有人欺，马熊有人骑。孙金生了解张宝成，就他那个窝囊样，别说骗他1000元，就是骗他1万元，他还敢打我吗？你要去告我，我死不承认，公安、法院也没办法。

再说张宝成，自从把这1000元交给孙金生，就等他的电话，准备去取木材。等了一个月也没等到这个电话，那个时候还没有手机，他就只好到大连造船厂去找孙金生。

孙金生说："买木材的票开好了，共花了2200元，我给你垫了1200元，全是硬杂木、水曲柳。收据和取货单都在家，我没带，过几天我给你送去。"

贪图便宜易吃亏，轻信人言会上当。张宝成信以为真，回家等孙金生给他送取货单。

这时的孙金生在想两个问题：一个是，大连每年都发生不少车祸，死于车祸的最好能有张宝成；另一个是当初不该向张宝成说出自己的工作单位，既然他知道了，最好能有一次大的"优化组合"，人员流动，把自己"流动"走，让张宝成找不到他。然而他想的这两项一项也没实现。过了些日子，张宝成又来找他，说："你给我垫上的那1200元我带来了，我来取买木材的收据和提货单，你带来了吗？"

孙金生一边伸手接过这1200元，一边说："我没想到你今天会来呀！我怕带在身上万一丢了就完了。木材公司认票不认人，谁都可以拿这张提货单把木材提走。这样吧，以后你什么时候来，先给我来个电话。"张宝成又被糊弄回去了。

次数多了，张宝成对孙金生产生了怀疑，就越发加紧催要。有一天，他又去了，孙金生说："今天是星期二，隔两天，到星期五，我领你去木材公司找我姐夫，把木材拉出来。木材公司每周只有一次付货，定在星期五。这天，你一定来找我，要不就得推到下周了。"孙金生说得很认真，很诚恳。张宝成听了很高兴，总算有了准信儿。

张宝成度日如年，盼到了星期五，吃了早饭，就告诉父亲，把家里腾出一些地方，他去大连造船厂找他的同学孙金生取木材，准备运回来。

到了大连造船厂，孙金生又说，他刚才给木材公司挂电话，他姐夫去医院看望一个同志，下午能回来。取木材时最好是他姐夫在场，这样多拉一些没人敢管。另外还可以挑一挑，选一选，拉些好的出来。孙金生还告诉他说："下午，你就不用到厂里来了，咱俩两点钟到站前广场会合，不见不散。"张宝成同意了。

孙金生把张宝成骗走后，跟厂领导请了假，就到一家药房买一瓶利眠宁，下午准时到站前广场找到张宝成，对他说："我姐夫给他们公司打电话了，说他有事，下午就不到公司去了。看来咱只好等下星期五来取货。他要在场咱装一汽车往外拉也没人敢管。"说着,就又骗张宝成说:"上午,我姐夫去看的那个病人,已经住院一个月也没见好。其实,我也会治病,我会气功,用气功治病。我还学过武术,练武术可以健身。"他一边说,一边伸胳膊踢腿,并告诉张宝成:"你要想学,我用一星期就可以把你教会。"说着,就拉张宝成说:"反正今天也不能拉木材了,下午有点儿时间,咱找个僻静地方,我教你学武术,练气功。"他连哄带拽把张宝成骗走了。

偶尔的疏忽,往往导致终生的痛苦;一时的麻痹,常常引来巨大悲剧。孙金生一而再,再而三地拿不出买木材的提货单,在这种情况下,又突然要找个僻静地方教他学武术,张宝成应该有所警惕。然而他总往好的方面想,一点儿也没想到悲剧会降临到自己头上。

想不到悲剧会出现,悲剧往往偏要出现。孙金生把张宝成骗离站前广场,又离开繁华的市区,来到白云山的山脚下。他们在白云山北坡找块空地停下了。孙金生拉开架式,教张宝成练武。地上有段草绳,孙金生捡起来往脖子上缠了两道,然后用力一勒,草绳断了,脖子上没留下任何痕迹。孙金生说:"人都是肉长的,我能把绳子勒断而不出危险,是因为我会气功。你没学过气功就不行,但学气功得先服药,今天我把药带来了。"说着,掏出一瓶药。这瓶药是他把许多利眠宁片弄成粉末儿后,用水化开,是瓶利眠宁溶液。他让张宝成喝了。

过了一段时间,药力发作,张宝成头重脚轻,眼皮也耷拉下来了。孙金生一看到时候了,认为可以下手。他窥视四周，漫山遍野空无一人，就把张宝成领到这块空地的东北角，然后拿根草绳，折成双股，趁张宝成不备往他脖子上猛勒。由于用力过猛，双股的绳子也断了，张宝成没被勒死。此时张宝成明白了几分，警觉起来，质问他："你想干什么？"

孙金生嘻嘻一笑，说："不是教你练功吗？刚才我自己也勒了呀！"他边说边弯腰捡起一块石头，接着就张牙舞爪地向张宝成扑来。张宝成拔腿就跑，东摇西晃，没跑几步就被追上。孙金生用手中的石头，像擂鼓一样往张宝成头顶和后背狠砸。张宝成喝了一瓶药，眼睛睁不开，根本招架不住，被打得步步后退。孙金生把他逼到一眼枯井旁，用力一脚就把他踢到井里了。

这是一眼枯井。以前，人们用这井水浇灌山上的果树和喷洒农药。后来，井水枯竭，这口井就没用了。孙金生知道这里有眼很深的枯井，故意把张宝成骗来。他把张宝成踢到井里后，站在井边，弯腰往里看了看，下边光线很暗，只是模模糊糊地能看到张宝成一点儿身影。孙金生怕他没被摔死，又在井边蹲下来，静听下边的声响，听了一会儿没有声音。孙金生还是不死心，又从远处搬来几块百余斤的大石头，一块块砸下去。他又向四周看了看，空无一人，他拍拍手上的泥，离开了这里。

再说张宝成父母，盼儿子把木材拉回来，可是，一直等到深夜也不见回来。第二天，他们就四处打听，还到大连造船厂找到孙金生。孙金生说："张宝成求我，让我帮他拉木材，我还等他呢，他怎么不来找我呢？"最后，家里人只好向公安机关报告了情况，公安机关发出了寻人启事。

时间大约过去三个月，一天下午，有两个中年男子来到白云山这口枯井旁。他们姓王，是亲哥儿俩，都住在大连市内。他们来干什么？是下井取宝的。

原来，王氏兄弟的父辈是有钱人，个人攒下一些金银珠宝，一直留在身边以备养老。"文化大革命"时，红卫兵"破四旧"、大抄家，把他吓坏了。为了不使这些金银珠宝被搜出来，成为他在旧社会剥削人民的"罪证"，他把这些东西用塑料布包了好几层，捆结实，在一个黑夜，把这个包塞进这口枯井的井壁石缝里。事后，他把这事儿只告诉给老伴儿。前几年，老伴儿去世了，而目前，他又年老体弱，生活不富裕，才把这事儿告诉给两个儿子，让他们把这包金银珠宝取回来。

兄弟俩来到井边，用一根木杠横在井口，拿出一条绳子，一端系在老二的腰上，另一端系在横在井口的木杠上。老大蹲在井边，把住横木，防止它滚动。老二踩着井壁的石缝，一步一步往下走。他带着个手电筒，刚下时井口不黑，手电用不上，就揣在裤兜里。随着身子的晃动和腿的不断弯曲，手电掉到井底了。他只好先一直下到井底，再捡起手电从下边往上一点一点搜寻。

当时是12月份，尽管是隆冬，天气寒冷，但井底温暖如春，张宝成的尸体已经开始腐烂。王老二下到井底，一群蚊蝇往他身上、脸上乱飞、乱撞，使他睁不开眼。但为了找到手电，不得不用手驱赶扑到眼前的蚊蝇，随后四处寻找。

井底，落满了枯草败叶，踩到上面软绵绵的。突然，他在井底的几块石头和落叶中发现一只人脚。井底只有他一人,跑没地方跑,躲没地方躲,吓得他心怦怦直跳。过了一会儿心神略有安定,他又发现这具尸体的头颅。他站的位置正好是尸体的腹部。他捡起手电,赶紧去完成他的任务。上到井口后,他把这个情况告诉给哥哥。他俩断定,尸体上既然有几块大石头,一定是他杀。哥儿俩怕被怀疑成杀人犯,就主动向公安机关报案。

经过张宝成父母辨认尸体,确认死者是张宝成。公安机关经过现场勘查,断定是他杀。孙金生被列为重点怀疑对象,并很快找到了证据。孙金生被逮捕了。在确凿的证据面前,他不得不交代全部犯罪事实。

谁能想到,孙金生为了留下张宝成买木材的2200元,竟然杀害了张宝成。张宝成死后不到一年,孙金生就被大连市中级人民法院判处了刑罚,受到法律的严惩。

 骗子劫匪四处走,防范意识必须有。

案件私了

王庆，32岁，辽宁省辽阳市人，无业。因为盗窃，被法院判刑五年。在服刑期间，妻子跟他离婚了。刑满释放后，他回到家中，其父母因为他不争气、不学好、给家人抹黑，也不愿帮助他，让他自己生活，自己挣钱花。

要生活，没钱不行，王庆又不愿靠劳动挣钱。他常常到建筑工地去捡废旧物资，有时到赌场碰运气，再不就是东偷西骗。不靠劳动挣钱，在邪路上漫步，再次进监狱是早晚的事。

5月27日这天上午，他来到辽阳市文圣区永寿委杜立业家行窃。他撬门压锁，进入屋内，用人家大立柜上面的一个提包，把人家的现金、存折和其他贵重物品，装了满满一提包，临走时，还觉得不够，又把人家挂在立柜里面的一件呢子大衣拿走。

干违法犯罪的事，也许一次走运，不被发现，两次走运，仍然没被发现，但不会永远走运，不会永远逍遥法外。这一次他终于倒霉了。他已经离开杜立业家，走出楼门洞，在院子里遇到了正在回家的杜立业。

杜立业见他神情慌张，面孔不熟，而且拎的提包和手里拿的衣服像是自己家的，就急忙问："你是哪的？"

由于做贼心虚，王庆被问，不回答，见问他的这个人目光犀利，认为自己行窃被发觉了，拎包拔腿便跑。杜立业确信，一定是自己家被盗了，随后追撵，并且不停地大声呼喊："快！抓住他，他是小偷！"

当时是上午11点钟左右，院子里和街上行人都不多，但在这个院居住的年轻人郑峰当时正在院门口，听见杜立业的呼喊，他又认识杜立业，马上在门口拦截，杜立业也立即赶到，他俩牢牢地制伏了王庆。

杜立业问他："你偷哪家东西啦？"王庆先是不说，郑峰扇他一个耳光，杜立业踹他一脚，他只好扭过身，指着三楼的一扇窗户说："就那家。"

杜立业说："是哪一家？走，你到跟前指认一下。"杜立业和郑峰扭住他的胳膊，拿着他手中的提包和呢子大衣，来到杜立业家。

杜立业找出家里捆行李用的一个帆布带，跟郑峰两人一起动手，把王庆手脚捆住，然后进行审问。

杜立业问："你是哪的？"

王庆觉得不说实话肯定不行了，就说出了真实姓名和住址。杜立业不信，就翻他身上的证件，身上什么证件也没有。杜立业又问："谁能证明你刚才说的姓名是真实的？谁能证明你是本市人？怎么跟你妻子联系？你妻子能证明你是本市的人？"

王庆说："我离婚了，自己一人生活。"

"你父母在哪儿？还有谁能证实你的真实身份？"

王庆无奈，不说实话就得挨揍，只好说出父亲的姓名、住址。杜立业问完，跟郑峰两人把他揍了一顿，然后对郑峰说："他已经被捆住了，动不了，我这里有菜刀、擀面杖，他如果不老实，就收拾他。麻烦你在这儿看一会儿，我去派出所报案。"

郑峰说："可以，正好我今天休息，没什么事。"

捉奸见双，捉贼见赃。这个窃贼被抓住了，既有赃物，又有见证人，窃贼本人对行窃又供认。杜立业认为，到派出所报案，这个窃贼一定会被判几年徒刑。他往派出所走着走着，突然脑子里一闪念想起一个歪点子：如果不到派出所报案，去找他父亲，跟他父亲私了，也许还能敲诈几个钱。交给派出所自己什么也得不到。他为自己的"聪明"而感到得意。他犹豫了一会儿，觉得这确实是个发财的好机会，应该利用好，不能错过。

是擒贼好汉还是贪财罪犯，往往只是一念之差。杜立业改变了前进方向，拐个弯，不再去派出所，而是按照王庆的交代，去找他父亲，想跟他父亲把此案私了。

王庆的父母都在家，正准备吃午饭。杜立业进屋说明了情况，告诉他们，王庆已经被捆绑，在他家里，有人看守，他准备去公安机关报案。

杜立业说："人都有一时做错事的时候。你儿子到我家偷东西，金银首饰、现金存折、高档名表，装了满满一提包。如果把他交给司法机关，不判他死刑也得判无期。如果不交给司法机关，我也太窝囊了，出不了这口气。我就想跟你们私了。你们拿出2万元,我就把他放了。这2万元,你儿子用不上两年就能挣回来,你们并不吃亏,我不声张,这事儿就像没发生过一样。"

王庆父亲说:"他现在已经成年,也不跟我在一起过,他在外面做什么事,我们不管。再说,我们也拿不出2万元。"这老头也太实在,说着,竟拿出家里的存折给杜立业看,对他说:"你看看,我们家只有这5000多元钱,上哪儿去弄2万元呢?"

杜立业跟他讨价还价,说:"你是他父亲,我把你儿子交到司法机关,你们当父母的能忍心吗?你这里就已经有了5000多元,你到银行去把它取出来,然后再借一点钱,我立刻就把你儿子放回来。"

王庆的父亲气坏了,他既生儿子的气,也生杜立业的气。老人并不傻,他心里明白:我儿子盗窃违法,难道你借机敲诈钱财就合法吗?

他俩讨价还价,谁也不让步。后来,王庆父亲突然心生一计,对杜立业说:"我现在吃饭,午饭后我到银行取钱再跟别人去借钱,下午4点钟,你把我儿子放回来,然后到我家里取2万元。"

杜立业说:"你儿子现在是被捆绑的,我必须拿到钱才能把绳索给解开,让他自己回家。"

两人警惕性都很高,都怕被骗。一个不肯先交钱,另一个不肯先放人,都想不见兔子不撒鹰。最后他俩商定,约定了交钱的时间和地点。杜立业这才回家等待取钱时间的到来。

下午,王庆父亲到银行取出了钱,又跟他人借了一些钱，凑足2万元。面对这2万元，王庆父亲特别心疼，但又觉得，不拿出这2万元，人家是不会把儿子放回来的。但是，如果拿出这2万元，虽然儿子可能被放回来，谁能保证这个不争气的儿子再不犯罪呢？

他突然改变了主意，决定不交出这2万元。他来到派出所报案，说是有人趁他儿子盗窃敲诈他的钱财，要求司法机关对这件事进行处理。

接待人对他说："不管什么人，只要犯罪了，都会受到法律制裁。现在，你儿子盗窃，被人抓住了，人赃俱获，这没什么可说的。但你说人家借机敲诈勒索钱财，人家只是说说而已，如果我们去抓他，还没有足够的证据。如果他真的敲诈了你的钱财，他逃脱不了法网，同样会受到法律制裁。"

王庆父亲说："我来报案，这是千真万确，不会来报假案。下午，那个人就会在约定的时间和地点来取钱，然后放我儿子回家。"

公安人员告诉他说："不管什么人，只要敲诈勒索他人钱财，证据确凿，一定逃脱不了法网。"

下午，到了约定的时间，王庆父亲拿着2万元，到约定的地点，交给了杜立业。杜立业接过钱，说："我决不食言，立刻回家，把你儿子放回来。"

杜立业说完，把王庆父亲给的2万元揣到兜里，转身刚走出几步，被守候在附近的几个便衣警察抓获。

杜立业先是一愣，说："你们干什么？"直到他的双手被戴上手铐，他仍然不知道他的行为是违法犯罪。

给他戴上手铐的两个人对他说："我们是公安局的，你现在涉嫌敲诈勒索犯罪。我们还将进一步调查，如果你非法拘禁窃贼，情节严重，还涉嫌犯非法拘禁罪。对盗窃犯，你没有资格非法拘禁和审讯。"

直到这时，杜立业才如梦初醒，知道国家有法律，自己家被盗了，也必须依法处理。

王庆被抓到公安机关。公安机关"大丰收"：既抓获了一个盗窃犯罪嫌疑人，也抓获了一个敲诈勒索犯罪嫌疑人。

杜立业后悔不已，没想到，跟盗窃犯的家属要钱、私了，这是犯罪行为。

 依法维权本是正途，心生歹意害人害己。

法官受贿

法官老郑是名审判经验丰富的老法官,没想到被人当猴耍了一把。一个意外的"绊马索"把他绊倒,他被送进了监狱,与他亲手审判过的那些罪犯一起,接受劳动改造。

事情是这样的:

24岁的关洪因为盗窃犯罪,被公安机关逮捕了,检察院向法院提起公诉以后,法院刑事庭的老郑主审这个案件,被告人关洪的父亲关祥民聘请律师为儿子辩护。开庭那天,关祥民旁听了,知道儿子用撬门压锁的方法,先后盗窃七次,所盗财物总价值达4万多元。开庭后,关祥民问律师能判多少年。律师告诉他,按照盗窃数额和情节,可以判处有期徒刑三年以下,正常判能判处一年。但由于关洪是累犯,得从重处罚,能判到三年。律师怕关祥民担心他的辩护力度不大,就说:"在法庭上,对从轻处罚的理由和情节,我都说了。你儿子有三条从轻处罚理由:一是他到案后,认罪态度好,坦白有望从宽,能坦白交代的总比不坦白交代的要从宽处理吧!二是你儿子所盗财物,大部分已经返还给被盗人了,返还了赃物,总应该比不返还的要从轻处罚吧!三是你儿子盗窃手段一般，没给被盗人造成重大财产损失，所以被盗者都没有提出必须严惩盗窃犯的要求。总的来说，社会危害性并不很大。"这个律师又说："当辩护人，最怕法官不听你的辩护，你讲得千般有理，万般有据，人家若不听，只抓住一条，说你儿子是累犯，得从重处罚，咱也没办法。"

关祥民一听，原来大权掌握在法官手里。要想让儿子轻判，就得往法官身上使劲。有钱能使鬼推磨。关祥民准备了2万元，想用这笔钱套住主审法官老郑，让他听使唤。关祥民经过多方打探，知道了老郑的电话，用电话约他出来说几句话。可是这个老郑一听是当事人关洪的父亲，立刻果断拒绝。钱送不出去，事情当然办不成，关祥民不死心。

想行贿，总能想出办法。关祥民决心要攻克老郑这座"堡垒"。后来，他终于找到了办法：他得知他们单位老王的亲戚张希波，是法官老郑在大学念书时的同学。关祥民就通过老王找到了张希波，让他帮忙做这件事，并表示事成之后另有酬谢。

张希波觉得这件事可以帮，因为这对双方都有利。对关祥民来说，能让他儿子少判点儿，少蹲两年监狱，在外边干两年，也可以把花出去的钱挣回来。对老郑来说，得点儿"外快"，这也是个好机会。张希波就给老郑打电话，说："这段时间我公司的经营做得挺顺，想找同学们聚一聚，但同学们都很忙，各处都有，也聚不起来。我离你最近，你要有时间，请你出来坐一坐，叙叙旧。"

老郑问："要想见面，你到我单位来坐会儿呗。你是有什么事吧？"

"我能有啥事儿。到你们那儿会影响你工作。你晚上下班,到文化街的风味酒店来,我在那儿等你,咱在那儿唠一会儿多随便啊!"

老郑不知内情,同意了,并且按时到那里见到了张希波。张希波把他领到一个包房,这包房里还坐着一个50多岁的男子。张希波介绍说:"这是我朋友。今天,就咱仨聚一聚。你想吃点啥,随便点。"

用吃饭、喝酒来办事,这也是一种能力。你看那张希波,酒杯一端,筷子一拿,话匣子就打开了,天南海北地跟老郑唠。什么哥们儿、兄弟、感情、友谊……许多好听的字眼儿都能出现。酒过三巡,菜过五味,都喝得迷迷糊糊的,快要结束的时候,张希波指着关祥民问,老郑:"你认识他不?"

老郑说:"他不是你的朋友嘛!今天相识,你张希波的朋友也是我的朋友。"

张希波说:"这就对了。不瞒你说,他是关洪的父亲。他儿子的案子正在你手里……"

老郑还没喝迷糊,一听这话,立刻起身要走,并责怪张希波,"你怎能这么做呢?"

张希波一把拽住他,说:"你坐下来,等我说完你再走。"然后硬是把老郑摁住了,说:"老同学,你听我说,现在都什么时代了,那些当官的,被抓着的都贪污受贿几十万、上百万,甚至还有上千万的。今天我和关祥民都不是向你行贿的,你怕什么。关祥民是我的朋友,他儿子的案子在你手里,该判死刑,一样判死刑,他犯到那了,咱毫无怨言。咱不是让你干违法的事。这个案子你好好看看,按照法律规定,该怎么判就怎么判。绝没有让你违法轻判。咱都是明白人,能提出无理要求吗?"

关祥民在一旁一再点头:"那是,那是。"

在张希波三寸不烂之舌的攻击下,老郑沉默了。这时张希波从他的皮兜里摸出一个报纸包,交给老郑,说:"我最近生意红火,挣着了,有钱大伙儿花。想请你出来潇洒一把,知道你忙;想给你买东西,又不知你缺什么。我这点儿零头儿你拿去先用,以后缺钱,吱一声,咱做买卖的,手头再怎么紧也比你们挣死工资的宽裕……"不等张希波说完,老郑就打断他的话,并且拒收这个报纸包,两人就纠缠起来。正在这时,一位服务员过来斟酒。关祥民趁机离开坐席,告诉服务员:"我们自己来,我们唠一会儿,你先到外边休息一下。"说完,关祥民与那位服务员一起离开了包房。他到吧台付了饭费,然后扬长而去。

包房里,这两人还在打嘴仗。最后张希波说:"你今天别叫我下不来台,这个包你今天先拿着,哪怕你明天再给我,只要你来个电话,我就来取,你看怎样?"老郑回了他一句:"你这件事做得不对。"说完,两人又接着吃喝了一会儿。张希波说:"这事儿不算事儿,出事儿算我的,与你一点关系没有。"

不知老郑当时是怎么想的,在张希波的花言巧语下,竟然把这包带有灾祸的贿赂款收下了。他回家打开报纸包,一看是2万元。他又包上,拉开书桌的抽屉,放在一堆书的最底下。就从这天起,老郑以往平静安乐的生活被打破了,他开始背上沉重的思想包袱，过着提心吊胆的日子。2万元，这数也不小了，靠平时省吃俭用一年也省不下来。老郑不是傻子，这钱明明白白是关洪家的钱。拿了人家的钱，不得不为人家办事。老郑重新打开卷宗，又细细地看了一遍，寻找可以从轻处罚的理由。

案件经过合议庭评议，最后做出了判决。判决书上有这样一段话："被告人关洪系累犯，理应从重处罚。但红光食杂店被盗后，公安机关经过调查，认为被告人关洪形迹可疑，遂对其进行询问，被告人关洪不仅供认了红光食杂店被盗是他所为，还供认了司法机关尚不掌握的另外六起盗窃犯罪。根据1998年4月6日《最高人民法院关于处理自首和立功具体应用法律若干问题的解释》之规定，被告人关洪具备自首情节，应依法从轻处罚。"

关于关洪自首问题，以前没有任何人提过，就连律师为他辩护也没提过。关祥民拿着判决书，又找来了法律依据，细细地看，一点一点对照。他发现，关于自首，法律不仅规定了可以从轻处罚，还规定可以减轻或者免除处罚。你老郑拿了我2万元，为什么不判处免除处罚。免除处罚也不违法。再说我儿子自首，这是明摆着的，你老郑如果担点风险，编个情节，算是这2万元起了作用。不给你老郑2万元，这个自首情节不是也得认定吗？

关祥民不服，提出上诉。被告人关洪也表示同意家属意见，此案便上诉到中级人民法院。关祥民拿出的2万元没起作用，这一回，他不再找人、不再行贿，也没有经济力量再行贿了。他直接找二审法官谈，认为关洪具备自首情节，又返还了大部分赃物，应当免除处罚。二审法官告诉他："如果一审判处免除刑事处罚，或者宣告缓刑，咱都不能说判错了，法律规定二审不准加刑。但一审判一年，让咱说人家判错了，这话也不好说。一审承认你儿子具有自首情节，这个问题一审在量刑时已经考虑了，你说从轻处罚的幅度还不够，那么，从轻多大幅度才合适，法律也没规定。"最后，二审法院下了裁定，驳回上诉，维持一审判决，关祥民的儿子被送到监狱劳动改造去了。事后关祥民总认为，在老郑身上花的这2万元花得太不值了，一点儿没起作用，没看出对关洪怎么轻判。

2万元，对于普通家庭来说，不是个小数字。关祥民拿出这两万元没见效果，心理不平衡，就想再要回来点儿。他想找张希波，又觉得这话不好说，就自己往老郑家打电话。老郑一听是他，立刻放下了电话。一连三四次，都是这样。

这一来，双方都有气。老郑料到，可能是想往回要钱，因为事儿办成了，再用不着我了。而关祥民认为，有话咱可以谈，凭什么不等我说话就挂断电话，难道你当法官的收受贿赂就没人管了吗？

关祥民顶着气儿，就不断地给老郑打电话，终于有一次，老郑让他说话了。关祥民说："这事儿是公了还是私了？你不让我说话，我到你单位去，总得找个说话的地方。"

老郑给张希波打电话，指责他："你交些什么狐朋狗友，把品质恶劣的引见给我，这不是害我吗？"张希波不知其中缘故，问他是怎么回事。由于有些话不好在电话里明说，张希波说："今晚咱还到文华街的风味酒店。"

三个人都按时来到了这里，这一回，气氛跟以前可就大不一样了。关祥民想要回1万，给老郑留1万。而老郑把这2万元全带来了，知道关祥民是事情办完了就想往回要钱，自己被他俩耍了。席间，老郑说了自己作了很大努力，说完把这个报纸包掏出来，放在桌子上，气呼呼地说："你们让我办的事情，我尽力去办了，现在办完了，你们开始往回要钱，我早料到这一点。当事人，当事的时候都是人，其实都是些盗窃犯、诈骗犯，有其父必有其子。"说完，转身离去。

包房里，剩下张希波和关祥民两个人，他俩互相埋怨一通，不欢而散。

事情至此，应该画个句号，就算结束。可是偏偏老郑不走点儿，此事又节外生枝。

关祥民把这2万元拿回来，交给老伴儿，讲了往回要钱的经过，并说被法官骂了一句，说"当事人，当事的时候都是人，原来都是些盗窃犯、诈骗犯，有什么样的父母，就有什么样的孩子"。

关祥民的老伴儿一听这话，火冒三丈，说："当法官的拿人钱还有理了！"关祥民说："这不是咱主动给的吗。"

"给就要？请就到？他手怎么那么长！嘴怎么那么馋！拿咱2万元，还不知拿别人多少万呢！咱儿子要不是让他给耽误了，案子由别人办，花2万元早就放出来了。我得举报，出出气。他把咱儿子判那么重，跟他再要2万元他也得给。"

关祥民再三规劝，事态总算暂时平息下来。但这个女人心里对老郑的怨恨是平息不下来的，她总认为，儿子在监狱里当囚犯，没放出来，就是老郑造成的。过了三四个月，关祥民的老伴儿不知是受了什么启发，还是被谁指使的，竟来到反贪局告了一状，说法官老郑在办他儿子的案件时，收受2万元。并且详细讲述了具体经过。老郑收受2万元，是在她侄女开的风味酒店里进行的，有酒店服务员王媛可以证明。

有告发、有证人，检察院没有理由不立案处理。尽管关祥民埋怨老伴儿不该报案，但检察院来调查，他也不能说他老伴儿是诬告陷害老郑，只好实话实说。一向清正廉洁的法官老郑，先是被法院的纪检书记叫到了纪检书记办公室，接着，从纪检书记办公室被两位检察员带走了。

此案证据充分，不仅有关祥民夫妻证实，张希波证实，文华街风味酒店的服务员王媛也证实。尽管关祥民与他老伴儿在这2万元是否归还的问题上证实不一致，即关祥民说这2万元已经还给他们了，他老伴儿则说，这2万元仍然在法官老郑手里，除此之外，主要经过、情节，各份证据都一致。检察院经过研究，认为这不影响本罪的成立。

老郑坐在被告席上，接受法院的审判。曾经是威严的法官，如今是抬不起头的罪犯。在法庭上，关祥民、张希波都证明，这2万元已经退还了，被告人也供认退还了。最后法院认定，老郑受贿2万元事实清楚，他犯了受贿罪。

在法庭上，有"被告人最后陈述"阶段，老郑作最后陈述时提出两条：一是关祥民拉拢腐蚀法官，干扰办案，向法官行贿2万元，已经构成行贿罪，必须追究他行贿行为的刑事责任，以便有力地打击行贿歪风，推动反腐败的发展。二是关祥民用来行贿的这2万元，属于《刑法》第64条所规定的"供犯罪所用的本人财物"，必须依法"予以没收"。

这件事的最终结局是：法官老郑虽然退回了收受的两万元贿赂款，但受贿罪没有"犯罪未遂"这一说法，退回去也不行，他被认定犯了受贿罪，判处有期徒刑2年；《刑法》尽管规定了行贿罪和介绍贿赂罪，但行贿人关祥民和介绍贿赂人张希波都没有受到任何处罚；已经返还给关祥民的2万元，又被追回上缴国库；关洪的盗窃案件，经过复查，认为原判定罪准确，量刑适当，审判程序合法，法院所作的判决有效。关洪在监狱里继续服刑。

 做官坐牢，一步之遥。

执法者犯法

为了查找逃犯,派出所民警丁国昌在晚上11点钟左右,来到春风旅馆临时查房。他让服务员打开303房间,进屋检查时,发现屋里住着一男一女两名旅客。男的40多岁,女的20多岁,他们既不像父女,也不像夫妻。这两名旅客异常紧张,见警察来了,吓得面如土色,慌慌张张,说话语无伦次,如果不是警察堵在门口,他俩很可能夺路而逃。

民警丁国昌问:"你们有身份证吗?都拿出来给我看看!"他俩都拿出了身份证,丁国昌看了,知道男旅客叫张顺达,女旅客叫王一英,随后又查问他们:"你们什么关系?怎么住在一个房间?"两位旅客同时回答,内容完全不同。男的说:"我们是夫妻。"女的说:"我们搭伙做生意。"丁国昌问:"你们到底是怎么回事?"

他俩没想到夜里会有民警来查房,更没准备查房时怎样说明两人的关系。两人齐声回答,答的内容各不相同,无法自圆其说,便都默不作声,等候民警下一句的追问。丁国昌见床头放着一个挺大的密码箱,对这个男旅客说:"把它打开!"男旅客迟疑了一下,丁国昌又说:"快打开。"

这时，张顺达对站在屋里的服务员说："我们有事情向警察汇报，您能回避一下吗？"服务员看了警察丁国昌一眼，丁国昌没反应。服务员觉得民警在执行公务，自己站在一旁也没必要，便退出房间。

男旅客把密码箱打开，里面放的全是成捆的百元大票，估计能有三四十万。这个男旅客从中拿出一捆，1万元，硬塞到丁国昌的衣兜里，说："我们两个出门做生意，挣了不少，你们当警察的挺辛苦，挣得也不多，这是一点小意思。今天我们有缘见了面，以后就是好朋友。我们经常在这一带做买卖，还需要你帮助和照顾。"

丁国昌眼看他把一捆钱塞进自己的衣兜，也料到这一定是1万元，就往外掏，并说："别这样，我们当警察的挺辛苦，你们做买卖的也不容易。你们有什么事情就向我们讲清楚，我们是按照上级指示来夜间检查，不会刁难你们，不会借机占便宜。"

听声调、看表情，能知道对方的心理与感受。男旅客见警察的态度立刻软下来，便判断出金钱在这个民警身上一定能起作用，就不让这个民警把这捆钱再掏出来，说："我们两个人是外出做生意的，本想在这附近租一套房子，但由于不认识当地人，租不到房子，只好住在这个旅馆里，既不方便，也不安全，花费又高。我们本来应该住两个房间，但这样花费更高，她自己住一个屋也不安全，实在没办法。"

这两个人非法同居是应该受到处罚的，但警察收了钱，没有要追究他们非法同居的意思。这一切，站在一旁的女旅客看得清清楚楚，如梦初醒，她觉得给1万元是不是少了一点儿,就将自己手腕上的一个金手镯摘下来,说:"我看别人戴我也戴,戴上了才觉得挺麻烦,我不要了,给你吧,算是交朋友的见面礼。"说完,就把这个金手镯塞进丁国昌的衣兜。这一下丁国昌的态度彻底软下来。他知道,这两个人对送钱、送物意见是一致的,不会因此发生纷争。

丁国昌坐到茶几旁吸烟,心里开始犹豫:这一捆钱和一个金手镯怎么办呢,是收下还是不收呢?这两名旅客知道他在犹豫,就劝说:这是小意思,我们是朋友,等等。

丁国昌说:"这些东西我不能要,朋友归朋友,我要这些东西是犯错误的,会受到处分。"

张顺达说:"你们当警察的工资不高,交一个经商做买卖的朋友大家都方便。别说你们当警察,就是比你们职务再高一点的人,也要跟我们这些做买卖的商人交朋友。只要大家哥们儿够意思,有了钱大家花,出了事一人担,对双方都有好处。今天这屋里只有我们三个人,这事儿天知地知,你知我知,以后出事儿了,即使你承认我们也不能承认。我们知道行贿也是不对的。"

丁国昌犹豫了好长时间,也觉得不至于出什么问题,正像这位旅客所说,有的人职务比咱高,收了人家的钱,人家方便自己也方便。况且今天只是收了一两万,收受的贿赂比这个数多的人也是有的。想到这儿,丁国昌对被塞进衣服兜里的钱和金手镯不再往外掏了。他对这两个旅客说:"你们住在这旅馆里,带这么多东西,确实不安全,因为旅客太多,大家进进出出,住的什么人都有,你们如果需要租房子,我对这一带比较熟悉,可以帮助你们。我明天替你们走一走,打听打听，如果能租到，我明天晚上来告诉你们。"

两名旅客转危为安，他们实在没想到会有这样的结果。因为他们两个人不仅仅是非法同居，更重要的是他们在贩卖毒品，那个密码箱里装的全是毒资。第二天晚上，丁国昌真的来了，告诉他们房子已经租好了。这两名旅客随后请他吃了晚饭，算是交了好朋友。

时光荏苒，光阴如梭，弹指间一年过去了。曾经在春风旅馆住过的张顺达和王一英因为贩卖毒品被法院判处了刑罚。这两个罪犯认为，检举他人犯罪会被从轻处罚，就在上诉期间，检举了警察丁国昌在春风旅馆收受1万元和一个金手镯的犯罪事实。

经查，丁国昌收受贿赂，不仅有行贿人张顺达和王一英的检举证实，春风旅馆的服务员也证实了部分情节属实。由于张顺达和王一英检举的是自己的行贿行为，对这个问题司法机关并未掌握，是他们主动交代，属于自首，仅仅对这个犯罪事实可以从轻处罚，但对全案而言，并不属于立功，并不能对他们的贩卖毒品罪从轻处罚。

丁国昌是一名警察，一个人单独到春风旅馆执行任务，违反了规定。在执行任务中又受贿，他被追究了刑事责任。

 莫名好处有猫腻，勿用权力谋利益。

财路诱惑

辽宁省鞍山市铁东区的毛斌经营一家建材商店,效益不好,一天到晚也不见顾客上门,他没事儿就爱跟杨宝良在商店里天南地北地瞎聊天。

杨宝良说:"当官靠后台,发财靠胡来,办事靠人情,人情靠钱财。"

毛斌说:"别瞎说,你看谁发财靠胡来?靠胡来的有,都进去了。"

杨宝良说:"进去的有,没进去的也有,进去的那些都是傻瓜。你现在开个破商店,一年挣不上几个钱,那些走私的、造假的、贩毒的,都发了。"

毛斌说:"走私,国外得有钱;造假,得有设备、有资金;贩毒,上哪儿弄毒品呢?弄到手卖给谁?"

"你敢不敢干?你要敢,上广州跑一趟,用不上一星期,保你挣1万元。"

"谈不上敢不敢,我问你,到广州上哪儿买?买回来卖给谁?"

"你要敢去,到广州找三凯,他住在粤北宾馆,去了就取货,如果取不来,往返路费我给你拿!你只拿本钱,回来把货卖给我,一手交钱一手拿货,你的本钱回来后,另外保你挣1万元得了呗!"

财路诱惑多。毛斌被钱财所诱惑,说:"我干,广州我还没去过,就当去旅游了,挣不到钱也没白跑。"

"我给你拿路费。"杨宝良说完就要回家取钱。毛斌一看他来真的了,又沉思起来,说:"不行,万一出事了,毒品被没收,再罚一笔钱我还活不活了!"

"怎会出事儿?毒品那玩意儿按克计算,不是按斤。不用你背,也不用你扛,放哪儿都能带回来,体积小,重量轻,弄个小提兜一拎就行。"

"不干。赔几万就完了。"

不干就不干呗。两人又唠别的,反正都是围绕着发大财、快发财来唠。

遇见杨宝良这种无法无天的人,真是人生中的大不幸,也是一场灾难。虽然跟他只是随便唠,但在毛斌心里留下了印记。过了半个月,毛斌的建材商店光有开支,没有收入,他就想起杨宝良让他贩毒的事儿。他把杨宝良找来,说:"我干,广州那边肯定有货吗?"

"你去找三凯,他手里有。我先给他打个电话,让他准备好。"

"拿回来,你这边肯定有人要吗?"

"你卖给我,保证让你挣1万元,挣不上,我给你添到1万元,但你去一趟得拿300克以上,就是半斤多一点儿。"

一切谈好,毛斌开始筹集资金。据杨宝良讲,在广州买三四百克海洛因，得花6万~8万元。毛斌家里的钱全由妻子掌管，他手里只有1万多元是商店临时的周转资金，要想把钱凑足，对妻子实话实说不行，没别的办法，只好骗。他对妻子说："咱这个建材商店得多种经营，不能单打一。我有个朋友能从广州弄到优质瓷砖，买回来，去掉各种花销、运费，利润能翻一番。我顺便再发点儿服装回来卖，咱不能老守着这个商店受穷。"

他妻子信以为真，再加上发家心切，觉得既然跑一趟广州，大老远的，也得多采购点儿回来，就把家里所有的积蓄全拿出来，又给借了2万元，凑到7万元给毛斌。毛斌共带8万元乘火车到沈阳，又从沈阳桃仙机场乘飞机飞到广州。三凯由于接到了杨宝良的电话，毛斌一到，买卖立刻成交。毛斌把兜里8万元全拿出来，留下一点儿做路费，其余的全买了海洛因，共买了380克。货到手，马上乘坐北去的列车，顺利到了北京，接着又马上乘坐从北京开往沈阳的11次列车。很顺利，列车出了北京站，向沈阳驶去。什么麻烦事儿也没遇上，一路顺风。1万元就要到手喽！当列车开过天津他就更加放心了。

连日来的紧张心情，使他劳累不堪，没想到，走了这么远的路没遇到有人来检查，原来如此，怪不得杨宝良说有人贩卖毒品发了大财，这钱也真的好赚。

这时，两个乘警走过来，其中一个指着货架上的密码箱问："谁的？"周围旅客只是随着乘警的指向，把目光不约而同地落到了那个密码箱上，但没人回声。另一个乘警把它从货架上取下来，又问一遍，仍没有反应。当乘警问第三遍时，毛斌这才从似睡非睡的蒙眬中醒来，说："我的。"

"打开!"

毛斌没有理由拒绝,只好把箱子打开。乘警开始翻箱检查,从一件衣服下面翻出两个纸包,问:"什么?"毛斌结巴了一阵子说:"大烟。"

"走。"

一个乘警把密码箱拎走,另一个把毛斌从坐席上拽起来,让他跟着前面的那个乘警走。毛斌被两个乘警一前一后夹在中间向车厢的一端走去。

毛斌心想:够倒霉的了。煮熟的鸭子竟然飞了。列车货架上,那么多大包、小包,大箱、小箱,乘警并没个个都翻,偏偏把我这个箱子检查了。真是屋漏偏逢连夜雨,破船又遇顶头风。这下子,1万元挣不到,说不定8万元本钱都搭进去了。如果再罚个万八千的,让我倾家荡产,日子就没法过了。直到这时,他还没想到会对他判死刑。

过了三个月,沈阳铁路运输中级法院对他做出判决,认定他犯运输毒品罪,判处死刑,剥夺政治权利终身;对扣押的毒品海洛因依法没收,予以销毁。

这一宣判,有如天雷击顶。毛斌万万没想到,就为了带这点儿东西,不到一斤重,还能判死刑!

原来,《全国人民代表大会常务委员会关于禁毒的决定》第2条规定,运输海洛因50克以上的就可以判死刑,毛斌带了380克,可以判他好几个死刑了。

 财路诱惑多,毒品沾不得。

丢自行车

一个冬天的下午,刘家伟从沈阳市铁西区乘坐公交车往东去。上车后,他见有空座,怕凉,就摘下皮手套垫在屁股下,坐在车上看一本随身携带的杂志。看着看着竟忘了到站下车。他要下车的那站到了,有下车的,也有上车的,他仍然低头看杂志,就在汽车要关门开车时,他才偶然往窗外看了一下。到站了,得下车!他愣冲冲地合上杂志,一边向司机高喊"我要下车",一边慌忙冲出车外。到车外觉得冻手,这才想到皮手套还在座位上,但车开走了。这副皮手套是花20多元买的,怎能眼看着让车拉走?他毫不犹豫地向前追撵。

车刚开,速度慢,他满有信心能追上。一边跑一边向汽车挥手,并不停地喊:"汽车,站住! 站住! 我的皮手套……"

车上没人看见他,也没人听见,汽车仍在奔跑,而且越跑越快,刘家伟的腿也越跑越酸,汽车越来越远。他泄气了,不想追,这时汽车到下一站停住了,他就又追。快要追上时汽车又开走了。他很失望,就想,要是有辆自行车一定能追上。

他左瞧右看,希望遇上熟人借一辆。突然见前方的邮局门前停放着一辆,还没锁。他来精神了,跑到跟前,不见车主,就愣头愣脑地向旁边一位扫大街的妇女说句"借用一下",骑上就向前猛追。

这车子是雷满昌的。雷满昌是个普通工人,好不容易攒了几个月工资,花300多元买的。这天他到邮局邮东西,因为邮局门前没人,屋里也没几个人,他图省事,把车子放在门口没锁,谁知就这点工夫偏偏让刘家伟骑跑了。

雷满昌邮完东西出门见车子没了,就四处寻找。那位扫大街的妇女告诉他说:"刚才有个小子把自行车骑跑了,往东去,可快了!"雷满昌往东看看,茫茫人海车流,川流不息,上哪儿找偷车人呢?他傻眼了,冒汗不语。"完了,全完了,"他在骂,"这个贼,大白天就偷,这不是明抢吗?"他不再找了,拖着沉重的脚步到附近派出所报案,讲明车子的牌子、车号、颜色等特征,希望抓住窃贼能把车子找回来。

再说刘家伟。汽车尽管跑得快,毕竟逢站就停。这一停他就追上一大截。有了雷满昌的自行车很快就把汽车追上了。有人从车窗把皮手套递出来,刘家伟道谢后,赶紧往回骑。到了邮局门口就把自行车放回原处,并对那位扫大街的妇女说:"车子给你放这儿啦!"说完转身要走。那位妇女奇怪地说:"这车子也不是我的,刚才有人找车子没找到,可能去报案了。"

"上哪儿报案去了?"

"不是派出所就是这附近的铁西区公安分局。"

铁西区公安分局就在附近,刘家伟把车子送到那去了。

这一切雷满昌不知道,认为车子肯定被人偷走了。至于

"偷车人"还能把车子送回来,他连想也没想。第二天上班他对同车间的小王、小李说了这件事儿。

小王说:"你邮东西这点工夫也不会丢车子,可能是因为你随便乱放,被人给推到别的地方去了吧。你没好好找找?"

"找了。有人亲眼看见一个小子给骑跑了。"

小李说:"能。前天,我的自行车铃盖就丢了,不知被哪个损贼拧去了。"

雷满昌说:"那倒小意思。一个铃盖才值几个钱,再买一个拧上就行了。我丢的是车子,再买一辆不容易呀!"

小李说:"我才不花那份儿钱呢!别人拧我的,我就拧别人的。我拧来的这个,比我丢的那个还亮。"

小王笑了,说:"天下人们都一家,你偷我的我偷他……"

谁能想到,两个青年人的信口开河对雷满昌的一生竟起到重大影响,他从中受到了"启发":对呀!别人能偷我的,难道我就不能去偷别人的?就这么一念之差,使他"一日行窃,终身是贼"。

丢车子之后的第三天是雷满昌休息日。他决定就在这天去偷自行车,用来补回自己的损失。

早饭后,他出去寻机作案。在便民液化气站门前,看见一个70多岁的老头儿把自行车立在门口,从货架上卸下一个液化气罐,拎到院内。雷满昌见他自行车没锁,机会挺好;再加上车主年纪大,把他车子骑跑,累死他也追不上。况且,他把罐子刚拎进去,不会马上就出来。想到这儿,雷满昌脚一跺,心一横,不顾一切,几步蹿过去骑上车子飞一样地很快就没影了。

回到家，仔细看看，这车子很破旧，多说能值80元，而丢的那辆是花300多元买的新车。丢车子的损失没补上他不甘心。当天下午，他拿把螺丝刀和一根小铁棍，又出去了，准备再偷点儿，非得把丢车子的损失全补上不可。

离他家不远有排平房，家家都用木板围的院墙。有一家的院门用明锁锁的，他判断家中肯定无人，就撬开院门、房门，顺利地进了屋。偷什么呢？大的搬不动，小的不值钱，就翻箱倒柜，专翻可能藏钱的地方。

他曾经听说，不少人怕小偷进屋偷钱，把钱藏到不显眼的地方。如鞋窠里、镜框里、床上的枕头下……他翻了不少鞋，砸碎了几个镜框，都没翻到，只是在一个抽屉里翻出50多元。这不行，仍然补不上丢车子的损失。在翻钱时他发现，这家有许多衣服挺好，还有几块贵重的布料。他从立柜里找出个大帆布兜，把值钱的东西一个劲儿地往里装。

他没想到会有"螳螂捕蝉，黄雀在后"的事情存在。就在他连撬两道门锁时，竟然同时被两个人发现：一个是退休老工人曲云志，当时正在公共厕所里系裤带，从红砖砌的花墙缝里看见了。他离开厕所，立即报告给旁边的居民委员会。居民委员会一边派人守住这家房门，一边给派出所挂电话。还有一个中学生，他叫杨洪波，住在对面的4楼，他在阳台晾衣服时发现了，扔下衣服就跑到一个裁缝点，因为被撬门的这家女主人在那工作。

雷满昌不知道外边已经撒下了天罗地网，认为往帆布兜里装的东西越多，收获就越大。当他装完，拉上拉锁，离开这家往外走时，被赶来的公安民警当场抓获。人赃俱获，雷满昌只好低头认罪。

他被抓起来的第二天,丢的那辆新自行车也找到了。原来,沈阳市铁西区公安分局根据这辆自行车架子上的号码,准确找到车主雷满昌。由于他进了看守所,只能让他爱人把车子取回去了。

雷满昌为了补上丢自行车的损失犯了盗窃罪。沈阳市铁西区人民法院以盗窃罪判处他有期徒刑两年。

受到侵犯值得同情,
用违法手段进行报复国法不容。

思想出错

辽宁省营口市站前区的郑涛，住在一个老旧居民小区，总觉得这个楼洞臭气熏天，而且臭味越来越浓。他住在六楼，只要推开房门，臭味扑鼻，而且是奇臭无比。越往楼下走，臭味越大，走出楼洞口才能吸到新鲜空气。他在附近找了一下臭源，最后判定，这股臭味的臭源就在他们这个楼洞内。他的邻居也都闻到了这股腐臭，大家最后锁定，臭味是从四楼中间的房门传出的。他们敲门，门不开，只好报警。

公安人员赶到这里，撬开房门，一股恶臭扑面而来，差点儿把公安人员给熏倒。他们开窗开门，释放恶臭。人们清楚可见，从屋里的一个衣柜里淌出的血水，由于已经干涸，在屋内形成了一道道黑纹；又有尸体腐烂淌出的臭水，在黑色血痕的旁边留下了水印。

打开衣柜，里面有已经高度腐烂的尸块，虽然从轮廓上可以确认死者是一男一女，但面容根本无法辨认。警方经过尸检并综合多方面的因素，最后确定两名死者已经死亡半年多了。

死者是谁？凶手在哪儿？已经过了半年，这个案件还能侦破得了吗？然而，此案在训练有素的公安人员面前，不过是小菜一碟。刑侦人员在勘查现场之后，对现场进行了搜索，发现女死者的一些遗物，根据这些遗物，确认了女死者的身份。女死者被确认后，很快就确认了男死者。谁也没想到，这样一个死者不明、凶手不清的案件，公安人员竟在五日之内破获，而且把凶手高大祥抓捕归案。

原来，男死者叫陆文洪，是山东人，因为在山东省实施票据诈骗后，携带赃款125万元潜逃到营口市，到这里认识了离异妇女钱义文，两人在营口市站前区的一个居民小区租了房子，在这里姘居，过起了临时夫妻的生活。

陆文洪虽然是网上通缉的逃犯，但他携带100多万元，来到远离山东省的营口市，选择了一个老旧小区，租了一套房子隐居起来，短时间内不用找工作，可以在这里稳稳当当地生活一段时间。但他有两个顾虑：一是身边带这么多钱，总怕被偷、被抢，如果拿到银行去存，取钱、存钱的次数多了，容易出问题。他知道，自己是公安机关在网上通缉的逃犯。二是他也不能关上房门每天都坐在家里守着这堆钱，一旦离开家，很怕窃贼进屋行窃。为了确保人身和财产安全，他想起了家乡的高大祥。高大祥既是他的好友，又和他沾亲，是最靠得住的人。这个人因为有劣迹，在当地名声不好，他也想到外地找工作。

陆文洪就把他叫到营口，跟他说："营口这地方不错，是个海滨城市，安静美丽，空气也好，我们可以在这里住一段时间。你要愿意的话，给我当保镖兼服务员。你膀大腰圆，适合干这个。你不用到外边去打工，你的任务就是给我当保镖，保护好我们的人身和财产安全，看护好我们的住宅，如有风吹草动及时告诉我。家里有什么事情需要处理，有什么零活儿需要干，你帮助一下。我每个月给你开1500元，而且你在这里免费吃住。等我将来有了发展，有了自己的公司，你要愿意就跟我一起干。用不上两三年，你在这里娶个媳妇，安个家，不用再回山东去。"

陆文洪哪里知道，自己是个公安机关通缉的逃犯，真心为逃犯当保镖的，保护逃犯躲避法律制裁的人几乎找不到。而陆文洪认为，他找到了可靠的人选。

高大祥知道陆文洪是个大能人，也知道他票据诈骗得了不少赃款，虽然准确数字不清楚，即使没有数千万，也会有数百万，要不，他不能跑这么远到这里来隐藏。高大祥确信，跟着他，一生会衣食无忧，于是答应给他当保镖兼生活助理，对他的人身安全和财产进行保护，对他的生活进行照顾。

没过多久，高大祥就觉得自己不能这样生活。人家陆文洪领个女人，要吃有吃、要喝有喝，家里外头有女人陪着，而自己这么大年纪了，娶妻遥遥无期，安家十分渺茫，瞻望前程，不寒而栗。他开始想：以什么理由离开这里？离开这里以后到哪儿安身？

他觉得，陆文洪手中能有数百万元，而且这笔钱不是好道来的，跟他借、跟他要，都不行，要想得到这笔钱，就得抢。高大祥考虑了一个多月，最后跟陆文洪说："咱家乡有个孙百吉，现在正在营口打工，他是我的好朋友，将来我们如果有困难，这是一股可靠的力量，随时可以用。等有合适机会，我把他找来跟你见见面，说不定什么时候能用到他。"

陆文洪听后，未置可否。高大祥心里有了底，只要你不反对，我在适当的时候就把他领来。他跟孙百吉开始密谋如何抢陆文洪的钱，抢完如何分赃、如何潜逃，一切安排妥当。

春节前，在农历腊月初八的晚上，高大祥把孙百吉领来了，孙百吉还拿来两个烤鸡和两瓶白酒，进屋就说："今天是腊八，又是我们初次见面，没买别的，买两只鸡、两瓶白酒，以后我们是好朋友。过两天我回家过春节，春节后我还回营口。"陆文洪虽然没有过多客气，但也没拒绝。晚饭，这四个人就围着一张桌吃上了。

当时是冬季，人们穿的衣服多，孙百吉不仅拿来了鸡和酒，他的裤兜里还装着一把手锤，大衣兜里还装着一根绳索，这些，陆文洪却没注意。一向谨慎小心的陆文洪今天疏忽大意了。

陆文洪的姘头钱义文，少言寡语，再加上她忙着盛饭、盛菜、斟酒，所以在酒桌上，大部分时间是这三个男人在喝酒、闲唠。快要吃完了，陆文洪对孙百吉说："时间不早了，你该回去了，改日再来。"

孙百吉说："对，对，走晚了公交车就没了。"说着，掏出裤兜里的那把手锤，不由分说，往陆文洪的头上急促猛砸，一下接一下，不容他还手、不容他说话，一直把他砸得不能出声。这时钱义文从厨房走来看见了，尖叫一声。高大祥动作迅速，搂住她脖子，捂住她的嘴，孙百吉又抡起手锤往她头上猛砸，目的很明确，就是要他们的命。高大祥跟孙百吉慌乱惊恐，但没过多长时间，两人就安稳下来，因为当时夜并不深，街上的嘈杂声淹没了这个屋内的声音，没引起街坊邻居的注意，一切都很平静。孙百吉怕出声音，不再用手锤，而是掏出大衣兜里的绳索，怕陆文洪不死，勒紧他的脖子。勒了一阵子之后，又去勒钱义文的脖子，直至这两人死亡，他俩才把尸体拖到一边，从容不迫地在屋里翻钱找存折，寻找一切值钱的东西。

这两个人在屋里翻出了40多万元的现金，翻出了4张存折，还有一些金银首饰。这个时候，高大祥开始埋怨孙百吉："我们原先不是说好了，是先用绳子把这两个人捆起来，让他们说出存折的密码，然后再将他们打死。你先把他俩弄死了，存折密码不知道，怎么取钱？你怎么不按我们原先的计划办呢？"

孙百吉说："我们原先的计划太幼稚，如果那样干，我们俩连这40多万元也拿不到。你想想，他俩能老老实实让我们给绑起来吗？即使绑起来，这两人一喊，街坊邻居听见了就会赶来，我们俩这不是自投罗网吗？"

"我们不是计划好了，把他俩灌醉，等他们睡着了再绑吗？"

"你没看见吗，这两个人不可能喝醉，而且陆文洪已经撵我走了……"

两个人互相埋怨着，觉得虽然拿到了40多万元，但由于存折上面的钱取不出来，感到十分惋惜。他俩离开这个房间时还是把存折拿走了。

临走时孙百吉指着这两具尸体问高大祥："怎么处理？就这么放着行吗？"高大祥犹豫了一会儿，说："这好办，咱俩把他们放到衣柜里。"

他俩把尸体抬起来，放不进去。高大祥跟孙百吉扒去这两个人身上的棉衣，还是放不进去。高大祥从厨房拿来菜刀，把这两个人的大腿卸下来，这才勉强给装进了衣柜。高大祥用菜刀肢解这两个人尸体时，由于这两个人已经死亡，血液不流动，所以并没喷溅出许多血迹。他俩洗完了手和脸，关了灯，静听四周没有可疑声音，这才拿着抢到手的"战利品"得意地离开这里。

案件起诉到法院，在法庭上，孙百吉是这样说的："高大祥告诉我，陆文洪手中有大量钱款，这些钱不是好道来的，是骗来的，能有几百万。我羡慕有钱人，但对用犯罪的手段抢来的钱、骗来的钱，钱再多，我就认为他们手中的钱也应该被别人抢、被别人骗。他的钱如果是正道来的，我也不能来参与抢这笔钱。"

而高大祥在法庭上的说法更是令人想不到。他说："陆文洪犯罪潜逃，是网上通缉犯。我把他打死是为民除害；杀了这样的人，是帮助司法机关做了大事，即使不被记功，也应该被从轻处罚。"

做贼有做贼的逻辑，罪犯有罪犯的想法。人们不难发现，出现人生悲剧，都可以从他们的思想上找到原因，是这种错误思想把他们引向犯罪的深渊。违法犯罪的人固然可恨，但对违法犯罪的行为应该向司法机关揭发、举报，不能擅自把人家杀了。杀人难道就不犯法吗？

君子求财，取之有道。抢罪犯的钱财，不是伸张正义，而成了"黑吃黑"。

歪门邪道

沈阳市沈河区小南街的刘大娘吃完早饭,正在家里收拾房间,一个矮个子青年敲开她家房门。刘大娘问:"你找谁?"

"这是刘广远家吗?"

"是啊,你是哪的?有什么事?"这个人说:"我是刘广远的朋友,他在里边不错,让我把他的情况跟他父母说一下,免得二老挂念。"

刘广远是刘大娘的儿子,因为犯故意伤害罪被沈阳市沈河区人民法院判处有期徒刑六年,正在监狱服刑。刘大娘把这个人请进屋里,双眼猜疑地打量着这个不速之客,心里在合计:这个陌生人是好人还是坏人?我开门让他进来已经很危险了,难道他真的是我儿子的朋友?

这个人从刘大娘的眼神中看出,她对自己产生怀疑,就说:"我因为犯盗窃罪,被法院判了8年,跟你儿子押在一起,我跟他相处一年多,最近我被放出来,他让我到这里来,把他的情况跟您说一说。监狱里的生活不像人们想象得那么坏。我们跟在工厂里上班一样,该工作的时候工作,该休息的时候休息,该学习的时候学习,每顿都能吃饱,每天的工作也不累,只不过是不像在家那样自由、随便。"

刘大娘仍然没有解除心中的疑虑。那人看出来了,就盘问刘大娘:"你是刘广远的母亲吧,不在制鞋厂上班了?听你儿子说,你最近退休了。他爸爸还在小学当教师吧,刘广远的姐姐还常到你们家来吗?"

听到这些,刘大娘知道,既然这个人了解到我们家这么多情况,他可能就是儿子的朋友,这才对他不再怀疑和警惕,就问:"你被法院判了8年,怎么出来了呢?"

刘大娘对这个人放松了警惕。她思儿心切,不停地问这个人监狱里的生活怎么样,干的活儿累不累,吃的是不是"顿顿都是窝头,菜里没有一滴油",那里的管教打不打人……对刘大娘的问话,来人一一回答。他越回答,越觉得自己了解得多,就开始炫耀自己。

刘大娘自从儿子被关进监狱,也知道了一些什么"监外执行""减刑""假释""保外就医"……刘大娘问他:"你叫什么名字?家在哪儿?父母是干什么的?你被放出来,是刑满释放,还是因为保外就医、监外执行?"

这个人吹嘘说:"我叫彭云涛,在监狱里过了一年多,现在出来了,是因为我有一个好叔叔和一个好哥哥。我叔叔在省公安厅当厅长,我哥哥在市公安局刑警大队,是他们给我办的保外就医,如果没有他们,我就得继续在监狱里服刑。"

刘大娘马上问:"你在监狱里才待了一年多就出来了,我儿子在里已经两年半了,你跟你叔叔说一说,给办一办,能不能把我儿子也提前放出来。"

这个人说:"现在办事比较麻烦。我叔叔虽然当厅长,也不是他一个人说了算。不少人都找他,他不能个个都给办。如果给你们办,我不能说一定行,我只能问一问我叔叔,看他能不能办。"

刘大娘说:"现在办事怎么办,我们都明白,我们不会光用嘴让你叔叔给办。需要我们怎么办,我们不差步。"

来的这个人听明白了,知道刘大娘肯拿钱,认为诈骗的机会来了,就说:"我叔叔跟我哥哥怎么给我办的,我确实不清楚。既然你委托我,我跟你儿子又是好朋友,我不能拒绝。我回去问问我叔叔,他如果说行,可以办,我再来找你。他如果说办不了,你就不要再找别人了,我叔叔办不了任何人也办不成。"

刘大娘高兴得不得了,马上酒肉款待。这个人临走时还说:"我跟你儿子在监狱里相处一年多,关系不错,只要有一线希望,我都会让我叔叔和我哥哥尽力而为。"

他走了,刘大娘望着他的背影心里十分高兴,终于遇见了救星,儿子有救了。

当天晚上8点多钟,这个自称"彭云涛"的人又来敲门。他一进门就说:"我刚从我叔叔家来,他说只要刘广远不是累犯就可以办。"

当时,刘广远的父亲在家,马上说:"我儿子不是累犯,是初犯,什么前科劣迹也没有。"

彭云涛说:"我叔叔要看一看刘广远的判决书。"

刘大娘说:"家里有,我给你拿。"不一会儿,刘大娘把刘广远的判决书拿出来递给彭云涛。彭云涛看了一会儿说:"确实不是累犯。这样一来问题不大,我拿去让我叔叔看一看。"

说完，就急匆匆地离开刘家。

夜长多梦，河长多滩。彭云涛可能是害怕拖时间长了，刘大娘醒悟，识破他的骗局，诈骗难以得逞。第二天一大早，他又来到刘大娘家对刘大娘说："我昨天从你家出来，直接到我叔叔家。我叔叔说他今天上午有时间，8点钟上班以后在办公室等我。如果你们家真想办，他打电话通知我哥哥，让我给他带去1万元，让他给办。往监狱外提人时，监狱里会有人阻拦，就用这笔钱打点打点。事情如果办得顺利，刘广远今天或者明天就能回家。"

刘大娘做梦都没想到，这么大的事，这么快就能办成，就说："还是厅长官大权大，办这么大的事说办成就能办成。我儿子真是交上了好朋友。"

刘大娘高兴之余，还是没有忘记谨慎小心。她害怕上当受骗，虽然带上1万元，但不见兔子不撒鹰，不仅把这笔钱牢牢地揣在怀里，还跟刘广远的父亲及另外一名找来帮忙的"足智多谋"的亲属，一共三人跟在彭云涛身后，大家一起搭了一辆出租车去省公安厅找彭云涛的叔叔。

出租车开到离省公安厅50米左右，彭云涛对刘大娘他们说："办这种事是偷偷摸摸的，不能大张旗鼓，不能张扬，如果声势太大，不仅事情办不成，对我叔叔也不好。你们先下车，就在这等我。"大家一听有道理，刘大娘把随身带的这1万元递给彭云涛，然后大家就下了出租车，眼盯着彭云涛乘车继续向省公安厅驶去，这三个人在附近找个僻静处等候。

过了10分钟、20分钟，不见彭云涛出来。大约过了一小时，仍然看不见彭云涛的影子。刘大娘有点心慌，害怕上当受骗,就来到省公安厅传达室询问。接待人说:"省公安厅没有姓彭的厅长。"

刘大娘不信,说:"怎么能没有呢?副厅长有没有姓彭的?"得到的回答是:"不但副厅长没有姓彭的,就连中层干部也没有姓彭的。"刘大娘还是不信,难道我们三个人眼睁睁地看着彭云涛把我们钱骗去了吗?

又等了半小时,刘广远的父亲说:"还等什么,赶紧报案吧。如果报案晚了,这个骗子抓不着,这1万元就追不回来了。"他们立刻来到公安机关报案,说明这个自称叫彭云涛的人体貌特征、身材长相、说话口音,骗走他们1万元的前后经过。

在公安机关,刘大娘刚讲完,接待她的人马上说:"知道了,这个人跑不了。"刘大娘纳闷:骗我这个人是谁?难道公安机关掌握了他的情况?

很快,公安机关将这个自称彭云涛的人抓获。原来,他叫贾海军,家住沈阳市铁西区,无业。曾经因为盗窃犯罪被法院判处有期徒刑5年,刚刚刑满释放。在关押期间,他认识了刘广远,知道刘广远家中的一些情况,便到刘家设下这个诈骗圈套。

在很短时间内,这个刚刚走出监狱大门的贾海军又被抓进去。公安机关为什么会快速抓到贾海军?后来,刘大娘听别人说,对有前科劣迹的人,公安机关掌握他们的血型、指纹、照片等体征信息,也掌握他们的动向。所以这样的人一旦违法犯罪,公安机关就能不费吹灰之力迅速将其擒获。

刘大娘想不明白,世上怎么会有这样的人:刚刚走出监狱大门，明明知道违法犯罪要受到法律制裁，却仍然去以身试法，真是不可理喻！

刘大娘几乎天天到法院门口去看法院开庭公告。在法院开庭审理贾海军诈骗一案时，她还到法庭去旁听，想亲眼看一看这个自称彭云涛的人在法庭上受审，她的心里在合计：这个人说的谎话怎么像真的一样？我不痴不傻，怎么就能被这么个东西欺骗了呢？

做事要走正道，
投机取巧容易被骗。

心存侥幸

6月7日上午10点钟左右,沈阳市城乡建设委员会李处长去了一趟卫生间,离开办公室时门没锁。不一会儿他回来了,推开门,他吃了一惊:屋里多了个二十七八岁的青年男子,正在拉开他办公桌的一个抽屉,从里面拿出什么,而这个人他并不认识。

李处长问:"你是?"

"噢,我来找我的战友丁国华。他不在吗?"这个青年从容不迫地关上抽屉,笑着走过来。他风度翩翩,彬彬有礼,衣裤笔挺。李处长两眼盯着这个陌生男子,看着他手里拿着刚刚从自己办公桌抽屉里取出的香烟,问:"我不认识你,你为什么进我的办公室?为什么开我的抽屉?"

"我……实在对不起!我来找我的战友丁国华,他告诉我,他在这个办公室。我烟瘾犯了,来找一支烟抽……"

李处长说:"我们这里没有丁国华!"

"是吗?怎么搞的,难道他和我开玩笑?"

"你是哪儿的?"

那个青年男子非常坦然,从容不迫地说:"我是皇姑区卫生局的……"

这个陌生男子表现出歉意，笑着把自己刚从抽屉里拿出的那半包香烟放到桌子上，边点头边向门口走去，想离开这里。

世上怕就怕"认真"二字。李处长就是一个对事情很认真的人。有的人可能是马马虎虎，看这个人手里没拿什么东西，自己屋里也没丢什么，他要走，可能就让他走了。可是，这个人偏偏就遇到了李处长这样遇事认真的人。警惕性很高的李处长拦住他，说："你别走！"同时叫来了处里的几名同志将他看住，自己向沈阳市和平区八经街派出所打电话，说明情况，派出所立即有三名民警赶到。

在派出所民警面前，这个陌生青年神情依旧，镇定自若，没有丝毫慌张。他一再表示：自己是来看望当年在丹东服役的战友丁国华的，只想从他的办公桌里找一支烟抽。因为两个人感情甚好，拿支烟抽也算不了什么。

派出所来的这三位民警面对这个道貌岸然、巧舌如簧的青年并没失去警觉，他们三人都很认真，互相迅速交换了一下眼色，彼此心领神会：不能被他巧言迷惑，不能轻易放过，必须对他刨根问底！因为和平区八经街派出所管辖的区域在沈阳市的市中心繁华地区，这里有许多党政机关和群众团体。近一段时间，有许多机关办公室的贵重物品被盗，案件一直没被侦破。这个青年会不会与那些盗窃案件有关？

民警问他的自然情况，他对答如流。他说，他叫韩波，是沈阳市分析仪器厂的工人。也许说谎的人都有这个毛病，对说过的谎话瞬间就忘。他刚才对李处长说是在沈阳市卫生局工作，李处长用电话向派出所报案时说，这个人自称是在沈阳市卫生局工作。现在出现矛盾，露出破绽，更加引起三位民警的怀疑：他为什么要改口呢？事情没那么简单，必须顺藤摸瓜，刨根问底，认真对待。这个青年被带到了派出所。

派出所的人员立刻跟沈阳市分析仪器厂和那地区的派出所取得联系。经核实，得到的回答是：分析仪器厂确实有个叫韩波的人，韩波所言属实。他在工厂和街道表现都不错，没有前科劣迹，他的母亲还在街道当干部。

难道事情真的如韩波所说，这是一场误会？不！绝对不能掉以轻心。三个民警经过研究，决定进一步验证，要对他继续进行刨根问底。

"韩波，你既然跟你的战友丁国华关系那么好，你当然应该知道他的电话。"

"我跟他以前用电话联系，后来他的电话改号了，我也没往心里记，有事跟他联系就到他家。"

"那么你领我们到他家去一趟。"

韩波咧了咧嘴，表现出一副很为难的样子，但随后又说："好……好吧。"后来他看派出所的民警很认真，真的要跟他去，还没走出派出所的院子，他又止住了脚步，说："我好久没去他家了，记不清了……"

这明显是谎话，民警们又通过查卡，证实了韩波所说的在沈阳市铁西区丁国华居住的居民区，根本就没有韩波所说的那个丁国华。

谎言欺骗不了聪明的民警，狐狸终于露出了尾巴。派出所的民警们毫不放松，一鼓作气，对这个青年继续刨根问底,深入调查。针对他暴露出的一些自相矛盾、破绽百出的疑点,剥掉他的伪装,同时进行政策教育,这个人不得不说了实话。他说:"我去市建委就是为了偷点东西。"

派出所民警不误战机,将这一情报及时通报给和平区刑警一队,公安机关决定对韩波的住处进行搜查。在他的住处搜查出一个对讲机、一个女式背兜、一个精美的手提密码箱等物品。面对这些韩波神色惊恐,十分慌张。经过进一步刨根问底,结合公安机关所了解到的一些机关、团体、宾馆被盗的案件,韩波不得不供出这些东西的来源。

他说:"对讲机是从税务局偷来的,女式背兜是从市妇联偷来的,那个精美的手提密码箱是从一家大宾馆里偷来的……"

事实证明,窃贼如果幸运,可能一次、两次侥幸得手,但不会永远得手,不会永远不落法网,不会永远不受法律制裁。有工作不好好干,不务正业的韩波,终于因为犯了盗窃罪,被关进了监狱,开始了铁窗生涯。

天网恢恢,疏而不漏。

一念之差

6月3日这天晚上11点多钟，辽宁省大连市第二机床厂二分厂的田大山、李永宽、代明三个年轻小伙子在酒店吃完饭、喝完酒，到附近的公共厕所去解手，发现不远处一个炼铁的院子里有三个黑影儿。田大山他们三人向这三个黑影走去，发现他们一人拿一个大麻袋，正在鬼鬼祟祟、慌慌张张地捡废铁。

田大山小声对身旁的李永宽和代明说："这么晚了，他们肯定是偷铁的，夜深了，这个单位没人，外面的路上也没人，咱要是不制止，他们盗窃就会得手，这个单位就会受到损失，咱不能让盗窃行为得逞。"

李永宽说："他们是三个人，我们也是三人，但我们是正义的，我们敢喊、敢叫，会有人帮我们；而这三个人是非正义的，见不得人，失道寡助，他们不敢喊，我们去抓一定能制伏他们。"说着，就向这三个窃贼跑去，一边跑，一边喊："你们是干什么的？"

那三个人果然是窃贼。他们做贼心虚，听到喊声，并且看见有人向他们这边跑来，背上大麻袋就仓皇逃窜。田大山他们边追边喊:"你们跑不了啦!快来人哪!抓小偷!"

那三个家伙拼命逃窜,后面这三个年轻小伙子就紧追不舍。窃贼每人背个大麻袋,如牛负重,气喘吁吁,严重影响了他们的逃跑速度,他们舍命不舍财,就在快要被抓住时,这才扔下麻袋,分头向不同的方向跑,消失在夜幕中。

田大山他们追到跟前,只见路上扔了三个大麻袋,却不见窃贼踪影。如果继续追,往哪儿追呢?这三个窃贼是分散跑开的,已经无影无踪,无法追撵。田大山他们打开麻袋一看,里面果然是废铁。这时已经是深更半夜,怎么处理呢?田大山他们一人拎一个麻袋,把这三个麻袋拎到附近一座楼房的拐角处,拎不动了,太沉,就堆到那里,等天亮再处理吧,他们三人各自回家。

第二天,田大山想起昨天晚上那三个窃贼盗窃废铁的事,就跟李永宽和代明在中午休息时来到这里,一看,那三个麻袋仍然原封不动,堆放在楼房的拐角处。

怎么处理呢?代明说:"废品收购站离这儿不远,咱把这三麻袋废铁背到那里一卖,晚上咱还可以再吃一顿。"

田大山说:"那怎么能行呢!这跟盗窃有什么区别?"

代明说:"这个区别可太大了,是本质区别。昨天晚上那三人是盗窃,我们这是在路上捡的,也不是我们从炼铁炉里偷来的。我们捡的东西不交公,不犯法、不犯罪,最严重算是道德品质不高尚。况且这也不是什么值钱的东西,是一些废铁,我们就是愿意喝酒,愿意弄点儿喝酒的钱,要是别人,给人家,人家也不要。"

田大山说:"虽然不能说我们是从炼铁炉旁偷来的,但我觉得这样做也不好。"他说完,就问身旁一直一言不发的李永宽:"你看这个事儿怎么处理好?"

李永宽见他俩有不同意见,就说:"我也说不好应该怎么处理,我看你们俩各有各的道理。"

这时代明抓起一个麻袋,往身上一背,对他俩说:"走!咱们去卖废铁,出了事算我的。卖完,咱们今晚还到那个饭店去吃饭、喝酒。"他不顾田大山和李永宽是不是跟他走,自己背着麻袋头也不回地先走了。田大山和李永宽也就一人背个麻袋,跟随其后向废品收购站走去。

再说炼铁炉丢了不少废铁,立刻向派出所报告。派出所派员到现场进行勘查,认为丢失的这些废铁都没什么大用,经过分析,认为一定是窃贼偷走的,偷铁的目的很可能是到废品收购站去贩卖。于是,派出所的人领着炼铁炉的人一齐到附近废品收购站去查找。这时,正遇上田大山他们三人背着麻袋到这里来卖废铁。经辨认,这些废铁正是炼铁炉头天晚上丢的。炼铁炉的人用车把这些废铁拉回,而田大山他们三人被带到大连市甘井子区周水子派出所接受讯问。

田大山他们三个年轻小伙子还算聪明,到了派出所,不用多说,都承认自己的做法不对,是头一天晚上那三个窃贼的盗窃行为的继续。他们从窃贼手里拦下的这三麻袋废铁,本来应该送还给被盗者,或者是报告给派出所,由派出所处理,但他们见铁起贪心,见财而忘义,想把这些废铁卖掉吃喝玩乐,没想到,他们把这些废铁背到废品收购站来销赃,是继续了昨天晚上那三个窃贼的盗窃行为。由于废铁的价值不高,盗窃数量没有达到盗窃罪立案所要求的数额,这才使他们三个人没被认定为犯盗窃罪,没被法院判处刑罚,他们在犯罪的边缘转悠了一下,险些滑入犯罪的深渊。但他们的行为触犯了《中华人民共和国治安管理处罚法》的规定,受到了治安管理处罚。

田大山他们三人的见义勇为行为,本应受到人们的称赞和夸奖,却因见财起意的一念之差,做出了羞于见人的丑事,受到了法律处罚。

 守法与违法一字之差,行善与作恶差别巨大。

他们是同伙

在沈阳市的一辆公交车上,有个身材矮小、面色蜡黄的年轻小伙子手拿一件衣服到处乱挤,靠近一个背着挎包的妇女身边站住了。这个小伙子手里的衣服紧贴这个妇女的挎包。

这个现象被乘客郑伟民看见了,他警觉起来,想到这个小伙子是不是要用手中的衣服作掩护行窃,他往前靠了靠,想看个究竟。果不其然,郑伟民亲眼所见,这小伙子用手中的衣服遮挡,在这个妇女毫无察觉的情况下,从她挎包里掏出一个钱包。郑伟民眼疾手快,一把抓住他的手,说:"你这个窃贼,我盯你好长时间了,这一回你还有什么可说!"

郑伟民这么一抓,小伙子手一哆嗦,众人都看见钱包从他手中掉落。中年妇女看见自己的钱包被掏,弯腰捡起来,一气之下对这个小伙子连推带打,骂他:"你缺八辈德了!"

公交车上的窃贼就是过街的老鼠。这个妇女打这个扒窃者,身边的人也都不由分说,纷纷助战。车内狭窄,人多拥挤,扒窃者当场被捉,无言以对,跑没地方跑,躲没地方躲,只好被动挨打。

这时车上有人喊:"前方到站是辽宁中医院,站北有个派出所,把他送到派出所去!"

"对!对!把他送到派出所,别让他跑了。"

车上的人仍然对这个扒窃者不停地拳打脚踢。有个40多岁的一脸络腮胡子的男人一边打一边说:"这个人太可恨,年轻人干点什么都能挣钱,怎么能干这行!我也是在公交车上被掏过钱包的,今天就得砸他,像这样的人,把他送到派出所,派出所的人也不能打他,批评几句就把他放了,放出来他还扒窃。今天咱就得教训他,让他长点记性。"说完就往这个扒窃者头上砸两拳,踹一脚。

这个扒窃者身高能有一米六,面黄肌瘦,头发既长又乱,遭到众人殴打,脸上更无血色,一双小眼睛忽张忽闭,惨状可怜,但没人站出来阻止殴打。

这时车上有三个年轻小伙子,年龄跟这个扒窃者相仿,也都十分气愤,对这个扒窃者连推带拽,连打带踢。其中一个戴着眼镜的人说:"我们就是到辽宁中医院下车的,我们负责先把他送到派出所,不能让他跑了。"说完还往这个扒窃者后背打了两巴掌。

郑伟民看到这三个年轻小伙子站在扒窃者身边,不时地对他连抓带打,但打的力度不强,不仅如此,还挡住了其他人继续打这个扒窃者。年过花甲的郑伟民看问题没那么简单,他一边详细观察并记住这个扒窃者和另外三个年轻人的身高、体貌、衣着等特征,一边用手机悄悄拨通了"110"报警电话。

公交车开到辽宁中医院这一站,这三个年轻人死死拽住这个扒窃者下了车,怕他跑了,那个戴着眼镜的年轻人还嘱咐另外两个说:"拽住!别让他跑了,就得把他送到派出所,交给公安机关处置,让他蹲几年监狱。"

确实,这三个年轻人,有两个分别在这个扒窃者左右,紧紧拽住他的胳膊,那个戴眼镜的紧随其后,他们一直向辽宁中医院北边的派出所走去。公交车上的人看见他们的背影,总算放心了,认为这个扒窃者被送到派出所一定会被依法处置。而郑伟民呢,乘公交车是为了闲逛,没有固定的到达站点,也跟着下了车,跟在这几个人身后,与他们保持一定距离,想亲眼看看这个扒窃者被交到派出所的痛快场面。

这三个扭送者把扒窃者扭送到派出所附近,个个脸上都露出了胜利的微笑,他们不再到派出所去了,而是改变行进路线,他们四个人以为演了一场好戏,嘻嘻哈哈地往别的地方去了。

原来他们是一伙的。在公交车上扒窃,他们有明确分工,那个当场被捉到的扒窃者主要任务是用手中的衣服做遮掩,具体实施扒窃行为;其他三名负责转移赃物和进行保护。

郑伟民见这三个人和那个扒窃者跑了,在他们身后气愤地喊:"你们谁也跑不了。"

这时110警车赶来,由于来得及时迅速,这四个人并没跑多远,警察根据郑伟民指的方向和提供的体貌特征,很快把他们一网打尽。

公安机关经过侦查,发现他们在公交车上连续多次扒窃。按照刑法规定,多次扒窃作案构成盗窃罪。人民法院在处理这起案件时,查明案件事实,认定其中那个戴眼镜的是共同犯罪的主犯,其他三人是在他的支配下共同盗窃犯罪,是从犯。人民法院根据他们各自罪行的大小，以盗窃罪，分别追究了他们的刑事责任。

公交盗窃花样多，群众抓贼智慧高。
魔高尺来道高丈，制伏罪犯正气扬。

避债不还

12月18日上午，在大连市垃圾处理厂，许多拾荒者在那里钩铲齐下，左挑右选，在垃圾堆里寻找可以再利用的物品。

一辆垃圾车开来，大家蜂拥而上，当自动卸车的车厢翘起，一车垃圾倾泻而下，一个塑料包滚到人们身边，打开一看，里面竟然是一颗血淋淋的女人的头……

时隔两天，即12月20日上午，在400公里之外的抚顺市望花桥附近，拾荒者在河边也发现了一个大塑料包，这个包用绿色棉布条捆绑得严严实实。大家出于好奇，顺着河坡走下去，七手八脚地撕扯开这个塑料包裹，想看看是什么东西被包裹得这样严实。既然包扎得认真、结实，里面应该是有用的东西，怎么会扔到这里呢？打开一看，众人吓得四散逃开，弃包爬上河岸。原来，包里是被肢解的无头尸块。

经检测，这与在大连发现的女人头颅是同一个女人的尸体。犯罪分子大概认为把两个尸块包裹抛弃在相隔遥远的两个城市，公安机关就破不了案。他实在是小看了现在的交通和通信发达程度。

大连市的公安机关和抚顺市的公安机关把所了解到的情

况立刻反映到辽宁省公安厅。在辽宁省公安厅刑侦处的会议室里，大家在研究着这起案件的侦破方向：大连与抚顺之间有个沈阳，在这三点之间，还会不会有第四点、第五点呢？作案人是谁？他为什么要杀人？现在他在哪儿？要了解这些情况，首要的任务就是确认死者身份。

第二年1月末，在大连市一个旅社的房间里，有一位旅客打开电视机，看到一条辨认走失人员的启事，他回沈阳后，对他们单位的老赵说："我在大连看见你妻子了。"

"什么！她在哪儿？"老赵喜出望外，一把抓住他，问："我爱人失踪好多天了，我到处找也找不到，你快说，你在什么地方见到她了？"

原来，这个人看到的是公安机关根据发现的女尸头颅画像以后，在电视上发布的寻人启事，他看这个人很像老赵的妻子，就想跟他开个玩笑。老赵知道这个情况后，立即报告给公安机关，说他的妻子段永梅已经失踪好多天了，与大连电视台发布的寻人启事上的人头像相似。

公安机关的侦破工作相当严谨，认为"相似"并不是确定，他们根据段永梅遗留下来的照片、化妆品、梳子、梳子上遗留的毛发和所穿过的衣服等物品，进行DNA鉴定，其结论是所发现的女人头颅和尸块正是段永梅的。

确认了死者，全部侦破工作就等于完成了一半。既然被害人是沈阳的，侦破的主要任务就落在沈阳市公安局刑警大队身上。

刑侦人员经过调查了解到，段永梅42岁，是一家工厂的供销员，此人作风正派，人缘好，其丈夫老赵是一家公司的基层干部，工作认真，为人老实。他们的家庭和睦、美满，没有与人结下怨仇或产生矛盾。老赵和妻子段永梅感情深，关系好，平时上班一般是一起离开家。可是，在12月16日这天早上，他俩上班时，段永梅因为遇到了一个熟人，多唠了几句，他俩从此分开，一直到晚上下班，老赵就再没见到妻子的面。两天后，妻子的头颅在大连市垃圾场被发现。

根据调查了解，段永梅所在的工厂在筹划转产初期，曾经通过段永梅委托韩飞和林文东买过一块价值6000多元的铁板，后来转产没能成功，这块铁板便弃置不用，一直放在厂外的马路上。后来，城建局整顿市容时，认为其影响市容与交通，用车拉走扣押。工厂再次找到段永梅，她通过私人关系要回了这块铁板，却没有拉回工厂。工厂的领导怀疑她和韩飞、林文东私自卖了这块铁板顶替厂里欠他们的工资，为这件事，厂里还告到了派出所。就在这个时候，出现了段永梅失踪的情况。

派出所的有关人员还找到了林文东，了解这块铁板的有关问题。林文东说，段永梅要回铁板的目的，就是想以此来顶替厂里欠她的工资。她将铁板要回后，直接拉到他家存放而没拉到厂里，并且请他帮助脱手。当林文东正在给联系买主时，段永梅却先在前一天偷偷地把这块铁板拉走了。林文东正要找段永梅问问这件事，却苦于找不到她。

发现了段永梅的尸体，刑侦人员再次找到林文东，追查这块铁板的下落，却找不到有可能买这块铁板的单位。

刑侦人员在查找这块铁板的同时，又开始在捆绑尸块用的那条绿色棉布条上下功夫。刑侦人员寻遍了全市的商场、纺织厂，又走访了与纺织、印染和服装生产有关的部门，得到这样一条信息：这种颜色是邮电专用色，除了邮电部门以外，国家禁止向社会生产和销售。因此，这种邮电绿色棉布只能是供应给邮电或者是为外商所生产的。于是，刑侦人员立刻赶到了外贸部门进行了解。不出所料，沈阳服装进出口公司曾经为港商加工过这种颜色的棉布夹克，不过，要得到最后的确认，还需要到印染厂询问，这批布是由辽宁省阜新印染厂加工的。刑侦人员又连夜赶到那里，经过阜新印染厂认定，这种布确实是他们生产的产品。经过再次走访服装进出口公司，终于查到了用这种布生产的服装厂，案件的侦破终于露出了曙光。

经过进一步调查，发现这个厂的主要领导中竟然有林文东的父亲。与此同时，也查清楚了那块铁板的去处，是经过林文东之手，以5600元的价格卖给了沈阳电缆厂下属的一个单位。事实证明，林文东向公安机关说了谎。他为什么要说谎，是有意掩饰还是为了避嫌？

林文东进入了刑侦人员的视野，他跑不掉了。经查，林文东26岁，其妻孙秋红，24岁，夫妻二人均无工作，小孩儿又刚刚几个月，经济情况十分拮据。

林文东接受刑侦人员询问时，故作镇静。他说："过去我对政府说了假话，铁板是我给卖的，一共卖了5600元，我分三次都给了段永梅，可是后来她出事了，我怕担嫌疑，又怕说不清楚……"

刑侦人员正在询问林文东的时候，突然又接到了报告：在林文东住宅内提取的样本与尸体检验所发现的微尘环境特征相符合，而且他家经过了粉刷，又糊了墙纸，地面有水冲过的痕迹。

随后，刑侦人员对林文东家又进行了第二次搜查，发现了不明烧结物，同时发现了类似喷溅血点和刷洗痕迹。对不明烧结物和喷溅血点进行鉴定，其结论是：喷溅血点是人血，与死者段永梅的血型一致；不明烧结物是衣物的灰烬。

林文东的妻子孙秋红知道罪行掩盖不住，来到公安机关自首。至此，这起案件彻底查清了。

原来，段永梅想用卖铁板的钱抵偿工厂欠她的工资，而林文东把这块铁板卖出后，又不想把钱交给段永梅，段永梅多次跟他索要，分文没得，甚为恼火。这时，林文东为了避债不还萌生杀人恶念。

12月16日这天，段永梅再次找林文东要钱，林文东顺水推舟，以领她回家取钱为由，将其骗到家中，用一根大擀面杖将其打倒。这时，孙秋红看见了，到厨房拿起菜刀，将其砍死。紧接着，二人一起扒光段永梅的衣服，肢解尸体，将头颅和躯干分别包装捆扎，然后将衣物等东西烧毁。林文东连夜乘车去大连抛弃头颅，随后返回，又去抚顺市抛尸块，以此转移公安机关的视线。

林文东夫妻为了贪得5600元的卖钢板钱，躲避段永梅的讨要，竟然置国法于不顾，杀人碎尸，其行为国法不容。段永梅为了讨要债务，丧失警惕，以致命归黄泉，其人生悲剧发人深省。

因财起纠纷，小债赔上命。

伺机作案

3月12日凌晨3点多钟，辽宁省铁岭市银州区铁西街的刘勇要出差，为本单位去锦州办事。他离开家赶火车，爱人徐兰芳一是恋恋不舍，二是看他走这么早，有点担心，就把他送出门外。刘勇说："你别送了，家里没人，就孩子一个人在屋睡觉，你赶紧回去吧。"

就这么一句话，被躲在阴暗角落里寻机作案的人听见了。这个人知道这个女人家中无人，只有一个孩子，而且她丈夫刚刚离开家，不可能马上就回来，这是一个千载难逢的作案机会。

徐兰芳送丈夫回来，寻机作案的这个人趁天还没亮，在夜幕掩护下，蹑手蹑脚地尾随其后。徐兰芳没想到身后有人跟踪，她打开门刚进屋，这个人把她往屋里一推，也跟着进了屋，随后把门锁上，并且拿出刀对准了她的后腰，说："你不要声张，不然我就捅死你，然后再把你孩子杀了！"

徐兰芳吓得魂不附体，哆哆嗦嗦地问："你……你是谁？怎么进来的，你要干什么？"

"我是刚从监狱里跑出来的'杀人犯'，我会飞檐走壁，我到你家来就是跟你借点钱,你快把家里的钱和存折统统都拿出来!"

面对眼前这个持刀歹徒,徐兰芳犹如羔羊,没敢反抗,没敢呼救,而是任其翻钱找存折。不一会儿这个歹徒就把徐兰芳家的现金翻到一部分,装进腰包,然后又来到徐兰芳跟前,翻她的衣兜,把她的衣兜也洗劫一空。

徐兰芳的胆怯助长了这个人的嚣张气焰。这个人两眼盯着徐兰芳,笑嘻嘻地说:"你长得不错,你丈夫不在家,你就陪我一会儿。"说着就动起了手。

徐兰芳这才如梦初醒,想到刚才他翻东西的时候,怎么没反抗?怎么没呼救?她这时才知道,无法无天的歹徒是不会满足的,向他乞求不如跟他斗争。于是,徐兰芳就放声大叫:"来人啊!救命啊!快抓坏人!"

这个歹徒见她呼救,立刻慌了手脚,赶忙上前威胁说:"你要再敢喊叫,我就捅死你,然后把你孩子也杀死,在你家放一把火!"

此时的徐兰芳已经忘记了什么是害怕,她一边继续大声呼救,一边跟这个歹徒厮打。这时,徐兰芳12岁的儿子被她的呼救声唤醒,看见母亲跟这个歹徒在搏斗,一骨碌从床上爬起来,也上来跟这个歹徒厮打,他们三人扭成一团。

当时是凌晨,四周一片寂静,从他们家传出的呼救声、厮打声惊动了四邻,邻居们知道情况紧急,顾不得穿衣服穿鞋,光着脚丫,穿着睡衣,纷纷闯进徐兰芳家,投入跟歹徒的搏斗中。

这个歹徒没想到,四周的邻居会来得这么快,他既没来得及逃跑，又没来得及用刀，就被众人死死地摁住。有个邻居说："你是什么人？三更半夜跑到这里干什么？走！跟我们到派出所！"

这个歹徒一听说要到派出所，吓得面如土色，浑身发抖，赶忙双膝跪地求饶，说："大哥，你们把我放了，我把兜里的钱全都交给你们，如果你们嫌少，我立刻回家给你们取，咱们私了，和平解决。"大家感到可笑，原来，不可一世的歹徒竟会这样贪生怕死，不堪一击。

大家立刻打电话把这个情况报告给铁岭市银州区公安分局铁西派出所。经过突审，知道这个歹徒叫郭平文，28岁，是铁岭市一家制药厂的工人。他没想到，自己拿着刀闯进一个只身在家的女人家作案，竟会遭到这个女人的奋起反抗，竟会被闻讯赶来的四邻抓获。

侥幸心理不能要，为非作歹当强盗，
欺软怕硬真可笑。

一错再错

辽宁省凤城满族自治县有个农民叫孙乃元，42岁。他曾经在一家企业里当会计，工作出色，收入颇丰。然而，当他看到村里有人上山采煤开窑挣了不少钱就心热眼红，辞职下海，跟同村的刘某合伙开了一个煤窑，苦心经营。一番拼搏之后，赔得一塌糊涂，血本无归，不仅没挣到钱，全部投资也化为乌有。

他不甘心失败。听别人说，倒卖人参也是一条发财之路，他就从亲友那里借了钱，收购人参，贩卖人参。辗转数省，付出的辛苦多，挣回的钱财少。又听别人说，经营中草药可以腰缠万贯，他又改变经营方向，收购一些他从来没见过的虎骨、羚羊角等名贵药材。后来经过有关部门鉴定，这些所谓名贵中药材是一文不值的假货。

他一次次奋斗，一次次失败；一次次经营，一次次赔钱。多年的积攒全部赔光，不仅如此，还债台高筑，登门讨债者络绎不绝。孙乃元这才认识到：不是什么人都可以下海赚钱的，不是什么人都适合经商做买卖的。连连失败之后，他陷入了绝境，在绝望中感到，自己面临的是悬崖、峭壁、深渊，无路可走。他想自杀不活了。

临近春节，他两手空空回家过年，觉得没脸见人。途中，他突然想起同乡张文友，这个人采煤开窑挣了很多钱，在凤城满族自治县赛马镇买了新房，全家搬离农村。张文友是自己的好友，如果跟他借钱也许能借到。

张文友确实挣到钱了，也确实在赛马镇买了新房，但在镇里居住一年多后就跟妻子李芳华协议离婚了。张文友将新房、十几万存款都给了李芳华，10岁的女儿也归她抚养，自己只留下赖以生存的那个小煤窑和债权债务，住在山上煤窑的简易房里。

女人无夫身无主，平日容易受欺负。李芳华后悔离婚了，曾经表示要复婚。临近春节，李芳华向张文友发出最后通牒：春节前如果能回来，就复婚；不回来，过完春节就改嫁。李芳华在家等待答复。

再说孙乃元从外地回来没到家，直奔赛马镇。后来他突然想起张文友已经离婚，新买的房子给李芳华了，张文友不可能在家。但觉得跟李芳华也认识，跟她借钱也许也能借到。李芳华如果不借，家里没男人，抢她的钱也不困难，抢完钱把她杀了，得到的钱还不用还。遇挫折，遭失败，容易破罐子破摔。他想，如果落入法网，挨个枪子儿也是件好事，死得痛快，反正自己不想活了。

赛马镇是个小村镇，比一般的村庄大，比县城小得多。镇上的人大部分都互相认识。

孙乃元走进赛马镇，看见路旁有个小食杂店，就走进去。店主人问："买点什么？"孙乃元问："张文友家在哪儿住？"店主人说："他离婚了，在山上煤窑住。"

"他的前妻李芳华在哪儿住？"

店主问："你是哪的？找他们干什么？"

孙乃元说："我是他们的老朋友，听说他俩关系不好，来看一看有没有复婚的可能，给做做工作。"店主人告诉了他李芳华的住址。

孙乃元一边往李芳华家走，一边想，她跟丈夫离婚，一人在家，这是千载难逢的好机会。今天不管是借还是抢，一定能弄到钱。

此时是春节前的12月25日下午，临近傍晚，孙乃元突然来到李芳华家。孤独寂寞的李芳华看到昔日的同村老友突然到来，十分高兴，毫无戒心，热情招待。孙乃元没好意思张口借钱。他说："听说你跟丈夫闹矛盾了，你们都有孩子了，互相让步，好好生活。我今天来就想找你们谈一谈，看看有没有和好的可能。"

李芳华说："现在外边天黑了，你不便于上山找他，你今天晚上在哪儿住？"李芳华觉得由于自己是单身女人，没好意思直言留他。孙乃元想在这里过夜，也没好意思直说，就跟她兜圈子，说："我从外地刚回来，还没到家，我带的这些东西先放你家，晚上我到外面找旅店，我明天早晨早点儿过来，拿着这些东西上山找张文友谈一谈，然后我就直接坐车回家。"

他这一招果然好使，李芳华说："到外边找旅店挺麻烦，还得花钱，我这里有闲房间，你就在这住吧。"孙乃元暗喜。麻痹大意的李芳华给铺好了被褥，把孙乃元安排到一个闲房间去,她领小女儿在另外一个房间住。

孙乃元虽然是昔日熟人,旧日好友,但由于较长时间没有来往,他后来是否发生了变化,他现在处境如何,李芳华一点儿不知道。留一个不知底细的人过夜实为愚蠢至极。灾祸的到来,往往与自己的麻痹大意有关。

孙乃元来的时候,还有借钱的打算,到这以后,见家里只有李芳华和她的小女儿,就立刻改变主意:抢。

到了凌晨2点钟左右,孙乃元蹑手蹑脚来到厨房,拿起菜刀,窜进屋里,把熟睡中的李芳华和她的女儿杀死,然后从容不迫地在屋里翻箱倒柜,四处找钱。一共翻出1万多元,又掠下李芳华所戴的戒指、耳环,拿走李芳华家一件棉大衣。天微微亮,他便离开这里,没敢回家,直奔内蒙古等处躲藏。

到了傍晌,邻居家的儿媳妇到李芳华家院子里打水,觉得李芳华家大半天没有动静,以为李芳华出门了,就扒窗向屋里张望。发现屋内炕上的衣服、被褥凌乱不堪,立柜门没关,抽屉敞开,像是被翻动洗劫……她敲了敲门,屋内鸦雀无声,没有反应。她把这个情况向村里及时汇报。这个情况被反映到县公安局,县公安机关立即派人火速抵达现场。

李芳华家是个独门独户的大院,杀人现场在东屋炕上。两具尸体都在炕上用被褥遮盖着,屋里东西被翻动,有七个存折仍然放在抽屉里,不见屋内有现金,室内门窗完好无损。

法医对尸体进行检验,发现两名死者的颈部有多处锐器伤。根据死者胃容物判断,死亡时间在饭后七至八小时。综合各方面的情况,可以判断死亡时间是在12月26日的凌晨2

点钟左右。

公安人员经过现场勘查认为：由于现场被翻动，不见现金等情况，初步认定是图财害命；两名死者没有反抗迹象，是在熟睡中遇害，说明凶手是熟人；死者李芳华晚上在炕上和衣而睡，没脱衣服，室内的门窗完好无损，由此判断，现场有熟悉的人住过。

前夫张文友首先成为被怀疑对象，但经过调查，煤窑里的工人证实，张文友一连多日没离开矿山，他没有作案时间。

公安人员展开了广泛调查。赛马镇一个食杂店的主人介绍说：在发案的前一天下午，有个陌生人到他这里来打听张文友和李芳华的住处。这个人自称是他们的好朋友，曾经在一个村子里居住过。这个陌生人知道张文友夫妻离婚，对他们的家庭情况比较了解。食杂店主人还介绍了这个陌生人40多岁，一米七左右的身材，分头，长脸型，皮肤白净，说话稳重，当地口音，围着一条米色围脖，戴着一副黑色皮手套，提着一个提包。刑侦人员断定：这个问路人很可能就是在李芳华家过夜的人，就是凶手。

根据食杂店主人的描述，张文友对刑侦人员说，这个人很可能是以前他们村的孙乃元。刑侦人员把孙乃元的照片递给食杂店主人辨认。食杂店主人一口咬定，说："正是这个人，是他在发案前一天下午打听张文友和李芳华的住处。"

确定了犯罪嫌疑人，接下来就是紧张的搜索与查找。刑侦人员认为，当时临近春节，孙乃元可能回家过年，就安排了多名刑侦人员穿便衣蹲坑守候。然而，春节期间孙乃元没回来，刑侦人员毫不泄气，继续张网守候。正月十三这天，发现了孙乃元的身影,将其带到公安机关询问。刑侦技术人员对其进行了人身痕迹检验,经鉴定,发现同现场所留的人身痕迹符合,这又进一步证明孙乃元就是抢劫杀人的凶手。

在大量证据面前,孙乃元供述了抢劫杀人的犯罪事实。在法庭上,他说:"我经营亏损,先是怨社会,怨他人,随后又轻生想自杀。这时遇到了抢劫机会,认为如果能抢成功,不落法网,就继续生活,如果落入法网,就听天由命。"

孙乃元图财害命,滥杀无辜,致二人死亡,没有任何从轻处罚情节,他将受到法律的严厉制裁。

遇挫折,遭失败,破罐子破摔。
做坏事,害他人,难逃法律制裁。

露财危险

6月13日上午,辽宁省葫芦岛市化工总厂的5名工人在一个储粪池旁边干活儿,发现储粪池里有个漂浮物。出于好奇,他们用铁钩子把它拽上来,撕开一看,里面竟然是一截没有头颅、没有四肢的男人躯体,赤裸裸,血淋淋。

葫芦岛市公安局接到报案,立刻派出刑侦人员赶赴现场。经检验,这是一具男尸,身高在1.65米左右,年龄在45至50岁之间。刑侦人员分析认为,杀人现场很可能是在偏僻场所,罪犯具备杀人、分尸、运尸和抛尸的工具,作案人熟悉储粪池的环境。据此刑侦人员决定,马上寻找死者的头部和四肢,以便确定死者身份。

无独有偶,第二天,即6月14日上午,河北省唐山市东矿区公安分局来了三名刑侦人员,他们到葫芦岛市公安局要求协助侦破一起杀人案件。因为在他们那里的一个厕所坑里,发现一颗人头,在另一矿区的一处水沟里发现了人体的四肢。由于包装人头和四肢用的编织袋是葫芦岛市化工服务公司生产的,因此,他们认为,这起案件的发案地在葫芦岛市的可能性比较大。

根据这个情况，葫芦岛市公安局立即派出刑侦人员前往唐山市查看尸块。经过法医鉴定，认定在葫芦岛市发现的人体躯干与在那里发现的人头和人体四肢是同一个人的尸体。根据在唐山市抛尸的地点，均在公路两侧，抛尸方便，刑侦人员分析认为，杀人现场应该在辽宁省的葫芦岛地区。

那么，死者是谁？凶手又是谁？发现的这些尸块由于光秃秃、赤裸裸，一丝不挂，从上面找不到任何有用的信息。于是，刑侦人员对死者整容后，把其彩色照片发往市内各个单位和街道，发动群众找线索，确认被害人。

根据群众反映和刑侦人员的多方查实，认定死者是张中贵，48岁，是个体贩卖服装的。他在贩卖服装的经营中，由于上货、批发、销售接触的人员复杂，破案难度较大。据张中贵的亲属反映，5月27日凌晨，他携带钱款，要与另一个贩卖服装的人一同到南方进货，从此下落不明。

有人证实，6月2日，裴兴文跟张中贵的一个亲属说过："张大哥要到南方去上一批服装，他去了吗？他怎么没来找我？"

刑侦人员根据这个线索找到裴兴文。他听说张中贵被人杀害，脸上立刻现出惊讶的表情。他向刑侦人员介绍说，原来，他与张中贵说好的，准备一起去南方要购进一批服装。27日早晨出发，可是张中贵自己走了，没来找他。裴兴文还提醒刑侦人员：张中贵是不是在南方被人杀害了。

职业的敏感使刑侦人员感到裴兴文很可疑。张中贵随身携带巨款，只有裴兴文知道，而且张中贵27日从家里出走时天已经快亮了，从他家到裴兴文家的路途不远，途中被人杀害的可能性不大。如果说张中贵在外地被杀，那么，尸体怎么会跑到葫芦岛？裴兴文居住在储粪池附近，他熟悉储粪池周围的环境，而且他家是独门独院，有作案条件。

看来，拿不到证据，作案人是不会供认的。这时，刑侦队伍中的物证侦破小组的工作有了重大进展。他们在包装尸体用的编织袋上下功夫。经过侦查，认定这种编织袋是葫芦岛市化工服务公司生产的，除了在葫芦岛以外，从来没向外地销售过。包装尸体用的方便袋，是朝阳市生产的，葫芦岛市的纺织厂曾经购买过10万个，用来包装纱锭。

刑侦人员又来到葫芦岛市纺织厂进行调查，了解到这个厂在春节前给职工分东西时，每个职工至少能得到一个编织袋来包装物品。有人证实，贾芳曾经拿回家40个这样的方便袋。

刑侦人员顺藤摸瓜，马上找到贾芳核实。贾芳说："这些方便袋自己用了一部分，给邻居和朋友一部分，家里还剩10来个。"刑侦人员到她家去取，一个也没找到。那么，剩余的10多个方便袋哪去了？刑侦人员继续对贾芳进行追查。

贾芳说，她的这些方便袋曾经送给农村的表妹了。刑侦人员马不停蹄，立刻到那里核实。她表妹说："根本没有这回事，从来没用过她的方便袋。"

贾芳为什么要说谎？用谎话掩盖事实，其中必有秘不可宣的事实。刑侦人员再次来到贾芳家搜查，发现她家四壁新刷了涂料。贾芳是何许人也？她是裴兴文的妻子。这样一来，案件的侦破就有了重大进展。

葫芦岛市公安局在查获了一些证据之后，立刻决定分别传唤裴兴文和贾芳，分别进行讯问。在证据面前，他俩在政策和法律的强大攻势下精神防线很快崩溃，供出了杀人抢钱、分尸、抛尸的全部罪行。

原来，张中贵和裴兴文两个人在贩卖服装中相识，时间长了，也就成了好朋友。裴兴文知道张中贵在倒卖服装中挣了一些钱，早就有贪图他钱财的念头。有一天，他俩在浴池里偶然相遇，在闲谈中决定，要一起到南方购进一批服装。由于他们两家居住地并不遥远，他俩约定，在5月27日这天启程，裴兴文在家等他，然后一起出发。

这天早晨张中贵来了，裴兴文问他："你的钱带足了吗？"

"带足了。"

"我们到那以后，如果遇到好服装，就多上一批货，钱带少了可不够用，你带多少？"

"现金三万四千，卡里还有，肯定够。"

裴兴文一听心里有了底，"撒网就能见到鱼"，不会落空。他拿起事先准备好的一根铁棍，趁张中贵不备，照他头部猛力一击，张中贵"哎呀"一声立刻倒地，一动不动。裴兴文把他杀死后，翻出了他身上的钱款，当晚将其尸体砍成三段，把比较沉重的躯干包装好，扔到附近的储粪池中。为了转移视线，他又乘车跑到唐山市，把人头和四肢扔到那里。他回家后，为了不留血迹和其他痕迹，彻底粉刷了家里的墙壁。他以为做得天衣无缝，但没想到在这么短的时间里就被公安机关抓获归案。

俗话说"人为财死，鸟为食亡"。"人为财死"分两种：一是为了贪图钱财丢掉性命，例如因为杀人劫财而被判处死刑等，裴兴文就属于这一种；另一种是因为手中有钱惨遭杀害，张中贵便是这一种。

"人为财死"分两种情况：
一是为了贪图钱财丢掉性命，
二是因为手中有钱而惨遭杀害。

以颈试剑

沈阳弹簧厂的工程师陆贵学懂技术，退休后与老伴儿在郊区办了个弹簧厂，招几个徒工，雇些帮手，把弹簧厂办得挺红火。工厂门前，送料的，取货的，往返车辆穿梭不息，仅仅两年时间他就成了当地出名的富翁。于是有人嫉妒，有人眼馋，也有人前来"揩油"占便宜的。

有一天，陆贵学收到一封信，信上是这样写的：

陆贵学老汉，听说你有钱，我因为有急事用20万元，请你在本月15日晚12时，把钱送到你厂南面十字交叉路口那棵榆树下，我派人去取，不许你张扬。如果取钱人没取到或者被抓去，我就让你全家吃我的枪子儿。

混江龙
7月9日

陆贵学看完勃然大怒，说："精神病！真是个精神病！"

陆贵学认为：我有钱不假，但这是靠力气、凭技术挣的，不是大风刮来的。我有钱就得给你吗！若真有困难，上门来说句客气话，讲点儿真情，露个真实姓名，让资助、求救济这可以考虑，来硬的谁吃这一套！你让我吃枪子儿，等着瞧吧，看咱俩谁吃谁的枪子儿！

再说这位号称混江龙的人，写这封信就是想试一试能不能弄到钱，弄到了，就成功了，成了富翁；试不成，陆贵学不给钱，自己也没什么损失，也就是损失一张纸、一个信封、一张邮票。混江龙把问题想得太简单，所以他敢这么干。

他自从邮出那封信就度日如年，日日盼望约定时间的到来。7月15日那天晚上11点多钟，路上的行人、车辆没了，四周开始静下来，混江龙就鬼头鬼脑地从远处向陆贵学这个工厂南十字路口走来。到了路口，他弯腰假装提了提鞋，见四周无人，就一下子钻进路旁庄稼地里趴下，等候陆贵学往这儿送钱。他哪里知道，在这之前，已有两名公安人员钻进这块庄稼地，此时正蹲在离他不远的地里等候他的到来呢！幸好他们没碰到一起。

此时是深夜11点20分，这三人都在静静地等待夜里12点的到来。差5分钟就到12点了，送钱的陆贵学准时走出工厂。他一手习惯性地挂个拐杖，一手拎个小兜，一步一步向工厂南十字路口走来。到那棵榆树下，他站住了，静静地等着取钱人。等了10多分钟，12点过10分了，也没人来。陆贵学把一个小纸包从提兜里掏出来，放在榆树下，捡块小石头压上，站一会儿仍然不见有人来取，便向工厂方向走去。

这一切，趴在庄稼地里的混江龙借助月光看得真真切切，那两个公安人员也看得清清楚楚。混江龙没有出来取钱，那两个公安人员也仍在静静守候。

陆贵学边走边向四周看，不见有人取钱。他走出十几步停下了，站一会儿又返回来，走到树前，捡起那个小纸包，把它装进提兜，拄着拐杖第二次朝工厂走去。

这一下可真见效，混江龙急不可待了。他看见到手的钱又被陆贵学拿回去，一下子蹿出来，三步并作两步地向陆贵学紧追。真是鱼吞香饵不知有钩。混江龙确实聪明，干这事儿怎能手无寸铁！万一遇到复杂情况这不麻烦吗！在事前，他用自行车链节，自制了一支具有杀伤力的小手枪。来之前，试用过几次，用这支枪即使不能把人击毙，也能致人重伤。他端起这支小手枪快速地向陆贵学逼近。

陆贵学听到身后的脚步声由远渐近，料到这突然出现的人一定是取钱的，就假装没听见，依旧走自己的路。急速的脚步声更近了，陆贵学判断，这个人就在身后，应该马上给他点儿厉害。于是，猛地一转身飞起一脚，踢掉混江龙手中的枪，紧接着就来个雄鹰扑食的动作，把手铐给他铐上了。

混江龙毫无提防，先是一愣神儿，随后开始反扑，但双手被铐紧，无法施展了。他自己琢磨着：这手铐是怎么戴上的呢？一个60多岁的老头儿怎会机灵得像个孙猴子？

这不奇怪。这个送钱的"陆贵学"是训练有素的公安局刑事侦查员扮演的。他像在演戏，步履、神态、姿势，演得惟妙惟肖，竟把混江龙给骗了。就在混江龙被戴上手铐的同时，路旁庄稼地里两名公安人员也出现在混江龙眼前。

原来，陆贵学在接到混江龙那封信的当天，就到公安派出所报告了情况。派出所向区公安分局汇报后，由区公安分局出"演员",并导演了这场"戏"。

到了公安分局,混江龙说:"我错了,保证以后不再干这事儿。我写检讨,一定深刻检查!"他没把问题看得那么重,认为只要检讨深刻就会放他回家。

检察院以混江龙犯非法制造枪支罪和敲诈勒索罪向人民法院提起公诉。人民法院经过公开审理,认定这两种犯罪成立,数罪并罚,混江龙被判处有期徒刑十五年。

宣判后,混江龙提出上诉,其理由是,他并没得到钱,要求从轻处罚。二审法院经过审理,认为他敲诈勒索钱财数额巨大,罪行严重,不仅如此,为了敲诈勒索他人钱财,还非法制造枪支用来犯罪,情节恶劣。混江龙没有得到钱财是事实,但这不是他的主观愿望,而是陆贵学报案及时和公安人员的机智勇敢所致,不能作为对他从轻处罚的理由。二审法院认为,一审法院认定的事实和适用法律均无不当,审判程序合法,驳回上诉,维持原判。

这样一来,混江龙蔫了。他这时才知道,世上的事情有许多是可以试一试的,但犯法的事不能试。以犯法来试法,无异于以油试火,以颈试剑。

 许多事情可以试一试,但违法犯罪不能试。以犯法来试法,无异于以颈试剑。

贼妻被偷

辽宁省清原满族自治县清河乡的农民赵永奇，32岁，家境贫困，他觉得是自己无能，才使老婆孩子跟着受穷，愧对妻子和孩子。要想富也不难，勤劳动、多挣钱，可是他不，他觉得这样太慢，太累。他想走捷径、走邪道。

一日，他到抚顺市一家大商场闲逛，其实是存了偷钱包的心思。他发现有位女士背个挎包，这女士太大意，挎包上的拉锁没拉上，里面的钱包一眼就能看见，伸手可得。赵永奇控制不住自己，紧紧尾随，在伸手窃取了这个钱包转身想走时，被其他顾客看见了，人家喊了一声"捉贼"，大家立刻把他按倒，从他身上翻到了这个钱包，钱包里有被窃女士的身份证、银行卡和一些现金。钱包当场归还给被盗者，赵永奇一分钱没得到，但他被扭送到公安机关了。案件起诉到法院，法院经过开庭审理，认定他犯盗窃罪，根据钱包里钱财的数额判处了刑罚，随后把他送到沈阳市西北郊的马三家子监狱实行劳动改造。

他对自己的盗窃行为很后悔，但事已至此，没办法，只好把整个家庭扔给身单力薄的妻子，独自带着一个5岁的孩子,在妻子和孩子最需要他在家里跟他们一起生活、一起劳动的时候,他却被关进了监狱服刑改造。

妻子张英华认为,丈夫犯罪是为了提高家庭生活水平,不是为了个人的吃喝嫖赌,只不过是方法不当,也就原谅了丈夫。她还省吃俭用,攒钱准备领孩子到监狱去看望他。

张英华领孩子到农贸大厅去给丈夫买烟,跟卖烟者讲好了价钱,掏钱时,突然发现钱包被人偷了,不仅不能买烟,连买车票看望丈夫的钱也被偷走了。

她不知所措,坐在农贸大厅的地上号哭起来:"这真是上天报应,偷了别人的钱,也让自己的老婆孩子尝尝被偷钱的滋味!我的钱包丢了,不能活了,下步生活没法过了……"哭声不止,十分悲切。她身旁5岁的儿子也跟着哭叫不止,用他那小胖手擦眼抹泪。

农贸大厅里有不少顾客围过来看热闹,有人以为她是在演戏,在乞讨。其中有个40多岁的男子没这么认为,上前把她扶起,说:"我今天出门急,兜里只有一百来元,你把这钱拿着,赶紧回家吧,以后攒足了钱再去看望丈夫。"困境中的张英华看到这个男子递过来的100元钱,感激不尽,接过钱问他:"您是哪里人?叫什么名字?我得感谢您。"男子说:"我是康平镇北门饭店的业主,叫刘长信。我今天没带多少钱,只能给你这一点儿。人出门在外有时会遇到困难,有能力帮一把这很正常。100元不多,不值得感谢。你用这钱买票回家,等以后攒足了钱再去看丈夫。"

对于被偷了钱包的农村妇女张英华来说,刘长信在这时候给她100元,无疑是雪中送炭、雨中送伞。她感到在这个社会上不为名、不为利,在他人有困难的时候真心帮一把的好人很多,很幸运她遇上了。她也想到,丈夫偷了别人的钱,也会使丢钱的人遇到极大困难。张英华由于丢了钱,短时间内不可能去看望丈夫,就给丈夫写了一封信,说了这个情况,并且也对丈夫说:偷人钱财,侥幸暂时不落法网,虽然也可以一时手头富裕,但祸害了他人,给他人带来了不幸和困难,良心上也会受到谴责。妻子的来信和刘长信的100元捐助,使正在监狱里服刑的赵永奇受到了震撼。

过了不长时间,刘长信收到一封信。这信是张英华的丈夫赵永奇从辽宁省沈阳市马三家子监狱寄出的。信上写道:"刘老板,我从妻子的来信中得知您的大名,今天冒昧地给您写信,是想表达一下我的忏悔和感激之情。您的善行一定会得到好报。我是因为盗窃犯罪被判刑的,却不想我的妻子也被人偷去了钱财,当她告诉我这一切的时候,我的整个灵魂都震颤了。过去,我一直错误地以为人都是自私自利、唯利是图的,可是现在,我对自己的罪行有了深刻认识。我正在监狱服刑,我刑满释放后,一定会靠劳动挣钱来生活,重新做人。就让您这100元钱作为连接我们友谊的桥梁和我重新做人的动力吧!"

日行一善,日扶一弱。
日省己身,莫再作恶。

贼在身边

辽宁省锦州市辖区内的凌海市（辽西的县级市）天桥镇有个王家窝堡村，这里是个很出名的渔港。这渔港像块巨大磁铁，吸引着无数的"老贩"前来"赶海""淘金"。这些"老贩"有来自山东、江苏、浙江的，甚至有福建和广东的。他们到这里干什么呢？贩运海蜇。他们携带巨款，大量地买进、抛出。在这些人中，有的精于此道，有的初次涉险，有的靠贩海货致富，也有的心怀叵测，浑水摸鱼，寻机作案，想趁机捞一把外快。

8月17日晚上6点半钟左右，这里有个男人突然号啕大哭："我活不了啦！警察同志快来救救我吧！"他的哭叫声引来许多围观群众。

这是个40岁的南方汉子，操着一口难懂的江浙方言，边哭边闹边比画。经过他老乡用笔翻译这才把事情搞清楚。

他叫马涛，是江苏省无锡市郊区东北塘乡的农民。8月13日那天，他跟另外两个同乡钱永达和沈丹，由江苏来到这里做海蜇生意。由于这里的招待所都住满了，经人介绍，就住到个体的邱家旅社。8月17日这天早晨，他们出去寻找贩卖海蜇的，晚上回来，马涛发现放在房间里的11.5万元现金全部丢失。这些钱，有相当一部分是他用高利息从私人那里借来的，这一下全完了。他见这笔巨款丢失，眼前一黑背过气去，醒来后就号啕大哭。

刑侦人员接到报案，立即赶到这里进行现场勘查。经勘查发现，屋内的摆设、门窗、暗锁等，均没遭到破坏，其他物品，没有翻动迹象，马涛装钱用的皮包被扔在床下，只是里面的巨款不翼而飞。

行家一伸手，便知有没有。刑侦人员一查看，便知谁作案。训练有素的刑侦人员立刻断定：这个房门是用钥匙打开的，这起案件是知情者所为。

刑侦人员确定了侦破方向：首先要查清马涛、钱永达和沈丹这三个人来到锦州后的活动日程和接触人员。确定了正确的侦破方向，就等于完成侦破工作的一半。

经查，马涛、钱永达和沈丹三个人，是8月13日由江苏省来到这里，住在邸家旅社。14日天降大雨，这三个人坐在屋里打扑克，没出门。15日，他们三人一起外出，查看货源，准备采购海蜇。中午听别人说，盘锦市欢喜岭那地方的海蜇比这里便宜。16日，他们三人一同去盘锦市欢喜岭看海蜇的行情，当天晚上回来后，他们三人产生了不同意见。马涛认为，欢喜岭的海蜇虽然便宜，但质量不好，不能买。而钱永达则认为，应该在那里买，并且要跟沈丹连夜再去欢喜岭，但沈丹不去，钱永达一人前往，并且一直住在那里没回来。

17日早晨6点钟，马涛与沈丹两个人一起出门查找货源，准备采购海蜇，随后他俩分手，分头行动。分手时沈丹把住处的房门钥匙交给马涛，自己一个人到天桥车站乘公共汽车去盘锦市欢喜岭。马涛没去，一个人在王家窝棚的渔港处帮助他人采购海蜇，晚上回到自己的住处，这时发现钱款被盗。案发时他们三人均不在场。

所谓的"邸家旅社"，只是邸家把一间房屋腾出来，提供给旅客居住，收取低廉的宿费。他们把开门的钥匙交给旅客随身携带，这里并没有专门的服务员。开设邸家旅社的邸家，一共有四口人，经过一一排查，这四个人都没有作案时间，均排除作案的可能。

这样一来，邸家四口人没有作案时间，而案发时钱永达在盘锦市欢喜岭，也没有作案时间，马涛丢失了钱款，他没有自盗的可能，唯一需要重点核查的就是沈丹。

马涛知道了刑侦人员在核查沈丹，对刑侦人员说："沈丹不仅是跟我一起来的，而且他跟我有亲属关系，不管谁偷我的钱，他绝对不能，我敢拿脑袋为沈丹担保。你们可别在他身上耽误时间和精力，赶紧寻找真正的窃贼吧。"

刑侦人员没有被他的"担保"束缚住手脚，而是认为：在现实生活中，不要说亲属之间发生过盗窃事件，就是父子间盗窃的事件也不罕见。

刑侦人员对沈丹在案发这天的行踪，进行一分一秒的核算。据沈丹自述：17日这天早晨6点钟，他和马涛一起离开了住处。6点15分，他与马涛分手，然后徒步走了30分钟，到天桥汽车站。在那里大约等了20分钟，到7点5分乘坐公共汽车离开天桥镇。到达凌海市大凌河桥下车，又等了大约半小时，搭乘了一辆出租车去盘锦市欢喜岭，中午12点钟到达。说着，他还拿出车票做证。

他说的是否真实，需要仔细调查核对。刑侦人员找到了公共汽车司机、售票员，向他们详细询问。司机和售票员都说：17日上午，确实有一位江苏农民上了他们的车，到凌海市大凌河桥下车，不过，汽车在天桥发车的时间不是7点5分，而是9点20分。这样，就发现了证人与沈丹讲述不一致的情况，时间相差两小时。

刑侦人员对沈丹再一次询问："17日上午，你乘几点钟的公共汽车去凌海市？"

"7点多钟。"

"不对！我们对司机和售票员都进行了调查，他们证实，汽车是在9点20分钟发车的，这中间有两小时的时间你在什么地方？干什么了？"刑侦人员单刀直入，沈丹意想不到，招架不住了。

沈丹慌忙辩解说："就是7点多钟发的车，司机说错了。"他虽然这样辩解，但神色慌张，脸上冒汗。判断一个人是否说谎，只要看看他的表情和神色便一目了然。

这个"时间差"露出了破绽，沈丹立刻乱了方寸，慌了手脚。刑侦人员就在这个问题上抓住不放，乘胜追击。沈丹被问得漏洞百出，不能自圆其说，开始支支吾吾，语无伦次。刑侦人员越发"穷追猛打"，不依不饶，沈丹终于说了实话。

原来，8月13日这天，他们三人一起来到王家窝棚小渔港，住在邱家旅社。沈丹看见马涛带了许多现金，心馋手痒，就想把他的钱据为己有。第二天因为下雨，三个人在一起打了一天扑克，他一直没有机会下手。随后两天，他一直没有找到机会。到了17日这天,屋里只剩他和马涛两个人,他觉得,今天是下手行窃的好机会,如不下手,等到马涛把这笔钱花出去就失去了机会。机不可失,时不再来。早晨6点多钟,他和马涛离开这里,6点15分左右,他与马涛分手,把房门钥匙交给马涛,对马涛说:"我去盘锦市欢喜岭了。"

分手后,他瞄准了马涛到小渔港去没再回住处,又见路上无行人,就返身回到邸家旅社,轻轻地拨开东窗,跳窗入室,将马涛皮包里的钱洗劫一空,装入自己的提包,然后从屋内打开门的暗锁,从门离开这里,到天桥乘坐公共汽车来到凌海市,把盗窃的钱存入凌海市凌海路储蓄所,然后打车去盘锦市欢喜岭。

他自己觉得,这一切安排周密,行动巧妙,行为干净利落,没留痕迹,没想到自己竟然在很短时间内被公安人员抓获。

公安人员将窃贼抓获并关进看守所,失主马涛一愣,怎么能是他!公安人员是不是搞错了?当公安人员把这笔巨额赃款追缴回来返还给他,他这才悟到,防盗应该远防天边,近防身边。

跟自己一起出来做生意的亲属,竟然是盗窃自己巨款的贼!这使马涛吃惊不小。

 防盗应该做到:远防天边,近防身边。

亏损之后

辽宁省辽阳县河栏乡 28 岁的金波卖家具亏损了，垂头丧气，觉得无脸见人。这时他弟弟金新和姐夫蔡天宁来到他家，金波跟他俩闲唠时说："我卖家具不顺，亏损了不少。"姐夫蔡天宁说："胜败乃兵家常事。做买卖就是这么回事。今天挣了，明天赔了。别灰心，总结教训，下一次很可能就挣了。"金波说："可别再有下一次了，我不想干了。现在的家具款式不断更新，老样式没人要，新样式在手里存不了多长时间就过时了，只要一时不能出手，肯定赔钱。我现在赔点儿倒不要紧，主要是有外债一时还不上，太闹心。"他想跟姐夫借钱还债，但姐夫不搭腔，装糊涂，他也就没好意思开口。

金波又说："我昨天到河栏乡超市买东西，赶上下雨了，一时回不来，就在超市门口避雨。这时听身旁的几个人闲唠，他们说，他们康家堡的高志奇女儿出嫁，买了很多嫁妆，有电视、电脑还有摩托车。别人家都是儿子娶媳妇给女方买东西，他们家有钱，买了不少嫁妆，最近这两三天结婚就带到男方家。如果咱现在去抢，就能把这些东西弄来。"

姐夫蔡天宁这时来了精神，说："把你弟弟领着，咱仨去，咱们如果拿上菜刀、棍棒到那去抢，估计他们家不敢反抗。"

遇上这么个姐夫也够倒霉的。弟弟金新在场听了这话，没说去也没说不去，这就算是答应了。

这三人经过预谋，晚上9点多，带上菜刀、棍棒、头套，金波骑着自行车载着弟弟金新，蔡天宁一个人骑着自行车，开始向康家堡进发。当然，也是向犯罪的道路上迈进，向足以毁灭自己前途的道路上行进。

再说康家堡的高志奇家，当时是晚上接近11点钟，全家人还没睡，这时就听见附近的狗叫，紧接着就听见有人向他们家的院子走来。这么晚了，怎么还有人来？是谁呢？

来的人走到他家房门口，还没等敲门，高志奇就首先把门打开，想看看是谁。他万万没想到，站在眼前的三个人，有的戴头套，有的用长围脖把头部包得严严实实，只露两个眼睛，这三个人分别拿着菜刀、棍棒，他们把高志奇推进屋，紧接着都进了屋，然后把门插上，其中一个举着菜刀对高志奇说，"快拿钱，我们今天是来抢钱的！"

另一个歹徒声嘶力竭地吼叫道："你们是要钱还是要命？我们今天就是来抢钱的，不拿钱，我们就要你们的命。"

高志奇说："我们没钱……"

来的这三个人不跟他争论有钱还是没钱，而是开始在屋里翻。他们在屋里翻箱倒柜，翻了很长时间也没找到钱。其中一个就问高志奇："钱呢？快把钱都拿出来。"

高志奇说："我女儿后天结婚，钱都给她买嫁妆了，你看这屋里这么多东西，不花钱能行吗？"

来的这三个人没翻到钱不甘心，他们既怕在这里待的时间长了有危险，又不想空手而归，其中一个歹徒说："没有钱就拿东西。"说着就把屋里的东西往外搬。拿走一件貂皮大衣、一件女式风衣、一件男式皮夹克，还搬走了一台电视和一台电脑主机。看着这三个年轻力壮、身材魁梧、手持菜刀和棍棒的歹徒，高志奇没敢反抗，他老伴儿和女儿也吓蒙了，不敢呼救。临走时，一名歹徒恶狠狠地威胁说："钱财是身外之物，有钱大家花。如果你们敢报案，我们就会让你们家满门遭殃！"说完，他们离开这里消失于夜幕中。

第二天上午8点钟，辽阳县公安局接到报案，刑侦人员迅速赶到高家。由于高志奇家对现场没有很好保护，现场已经被严重破坏，箱盖、柜面、地板没有发现犯罪分子留下的手印和足迹。

刑侦人员到屋外勘查，发现后院的地上留有三种可疑足迹：一种是长25厘米，横直花纹，是青帮白塑料底的板鞋所留；另两种是长27厘米，横道花纹和无纹平底，是粘胶的运动鞋和家制的布鞋所留。根据高志奇介绍，这三名歹徒有一个穿黑色大棉袄，一个穿旧的黄色军大衣，另一个穿灰色大棉袄。这三个人都是外地口音，稍微带一点山东味儿。

刑侦人员经过现场勘查，坐下来对案情进行分析。他们认为：第一，犯罪分子作案目标明确，就是为了抢钱，这说明，这起案件是有预谋的。第二，作案时戴着头套，不露真面目，作案后又威胁、恐吓被害人，这说明在这三名歹徒中，至少有一名是本地人。第三，作案时间选择在初夜，这说明犯罪分子不是本村人，距离这个地方应该比较远。随后，根据现场勘查的痕迹以及高志奇介绍的情况，对犯罪分子大致作出画像：犯罪分子的年龄应该在28—30岁之间，身高在1.7米左右。

刑侦人员继续向高志奇住宅的外围勘查。在离村口1公里多的田地里，发现了两台自行车留下的印记。一台是常见的井字形印记，另一台是鸳鸯拐双花纹印记。根据车印旁边凌乱的脚印判断，犯罪分子是事先把自行车放在这里，抢劫后，又回到这里，用自行车驮走了抢劫到的物品。刑侦人员沿着自行车的痕迹，一直追踪到地边的土道上。

土道上的车痕繁杂凌乱，各种车痕都有，但刑侦人员很快确定了追踪的方向，他们朝着向西的方向寻找这两台自行车的车痕。刑侦人员判断，三个人共乘两台自行车，而且带着体积较大的盗窃物，每逢遇到沟沟坎坎，都不得不下车推行。于是，他们在这条土路的两旁，每逢遇到岔道儿，或者不能骑行的沟坎，都仔细寻找这两台自行车的车痕。果然，他们追踪到了这两台自行车的去向。

车印进入一个只有几十户人家的小村庄。侦查范围缩小了，刑侦人员在这个村里挨家挨户地盘查。终于在这个村子东头金波家门前，发现了与现场遗留的相同的鸳鸯拐双花纹车印，同时，在这家的南窗台下，发现了与现场鞋印相同的粘胶运动鞋。于是，金波被列为重点怀疑对象。

金波，男，28岁，是辽宁省普兰店市瓦窝镇的人。经人介绍，与这个村的一个姑娘结婚，倒插门住在这里。了解到这种情况，刑侦人员马上想到被害人高志奇曾经说的这三人是外地口音，有点山东味。对！辽南的普兰店市的人与本地人口音不同，正好略带山东味。在调查走访中，有人介绍说，金波最近与他人合伙卖家具赔钱了，债主天天来要钱。还有人反映，昨天，金波家从外地来了两个人，今天早晨突然不见了。金波的妻子也证实说，丈夫的弟弟、姐夫昨天从普兰店市老家来了。他弟弟穿的是黄色军大衣，脚着板鞋，他姐夫穿着灰色棉大衣，脚着胶鞋，他们的身材都在1.72米左右。昨天晚上，他们与丈夫一同骑车外出，至今不见踪影。

穿着、体貌和说话口音与犯罪分子相同。于是，刑侦人员决定审查金波。

刑侦人员在金波家附近蹲坑守候，终将其抓获。根据他的交代，不仅抓获了参与作案的金新和蔡天宁，还起出了全部赃物。值得庆幸的是，在发案的第二天下午，刑侦人员就把这些被抢物品全部归还给高志奇家。高志奇抑制不住感情，眼泪夺眶而出，说："没想到，这么快就把被抢走的东西给追回来了，没影响我女儿结婚。"

这一回，金波不用再躲债了，他和他的弟弟、姐夫一同被抓进了看守所，等待着他们的是法律的制裁！

偷、抢、骗被判刑，一生一世背恶名。

丧失警惕

钱为民经营一个鱼粉厂,到沿海收购碎干鱼、鱼头、鱼尾、鱼内脏,运回来加工成鱼粉作为饲料向外销售。

厂里的推销员是刘万,他主要是到大城市周边的养鸡场、养猪场去推销。到城市周边交通很不方便,他不辞劳苦,夜里住在市里的旅社,白天骑自行车到处转悠。他拿一包鱼粉的样品来到郊区绿波养鸡场,对场长邢万财说:"我们厂生产的鱼粉质优价廉,如果你们购买,我们送货上门。你们经过验收认为质量合格再付货款。"

场长邢万财对刘万拿来的这包鱼粉看了又看,闻了又闻,准备买一些,想先用一下试试。刘万见他犹豫,跟前又没人,就说:"你是场长,一人说了算,我们厂有个内部规定,你如果购买五吨以上,我们可以按比例给你个人回扣。"邢万财本想购买,听他这一说便怀疑鱼粉质量,说:"你把你们厂的电话、地址留下,我们考虑考虑再说。"就想以此婉言谢绝。

刘万说:"你如果不放心,可以先少买一点试试。买得少我们也负责送货。"

"不是少买多买的问题,买少了,我们还嫌麻烦。我们这个养鸡场规模大,长期大量使用鱼粉。这样吧,你回去让你们厂长拿一份鱼粉化验单来,我们再谈一谈。"

遇到这么一个大户,鱼粉厂的厂长钱为民当然很感兴趣,拿一份化验单跟刘万来跟邢万财见了面。

养鸡场确实想买鱼粉,但场长邢万财对鱼粉的质量确实产生怀疑,他一边掂量着鱼粉的样品,一边细细查看化验单,问:"你们将来送的鱼粉跟这样品相同吗?鱼粉的各项指标跟这个化验单也一样吗?"

推销员刘万抢话说:"肯定一样,如果送来的鱼粉各项指标跟化验单不同,你们可以要求退货,一切损失我们承担。我们有回扣也决不食言。"

他越说回扣问题,邢万财场长越是对鱼粉的质量产生怀疑。这时,鱼粉厂的钱为民厂长看出了问题所在,就说:"我们厂对大量购买鱼粉的,给决定政策的人一点回扣,但这是给那些国营养鸡场、养猪场的,回扣的部分加在鱼粉价格上,羊毛出在羊身上。你们这个养鸡场是私人的,不管买多少都没有回扣,鱼粉的价格也是正常价,不提价。如果想要回扣也可以,但鱼粉的价格必须涨价,涨价的部分作为回扣再返回来。我们这个鱼粉厂常年开设,我们的宗旨是:以质量求生存,以信誉求发展。凡是跟我们建立供销关系的客户,供销关系一直都很稳定。"

到底是厂长聪明,把问题讲明白了。两个场长当即决定,建立鱼粉供求关系,当即签订了合同,并且让鱼粉厂第二天给送来五吨鱼粉。

鱼粉厂的钱为民厂长把电话打回去，第二天，鱼粉送到，邢万财拿着鱼粉厂的样品和实际货物细细比对，没发现质量问题，然后又经过化验、验收、入库，随后把购买鱼粉的钱款如数汇给了鱼粉厂。从此他们建立了稳固的供销鱼粉关系。

他们的这种供求关系一直保持了三年，鱼粉厂不仅卖给他们鱼粉，还卖给他们贝粉、骨粉等饲料。鱼粉厂每次把鱼粉送来之后，不过一星期，就能收到养鸡场的货款，双方一直没有争议。

到了第四年，养鸡场开始拖欠货款，他们不是没有钱，而是把钱用来发展生产，用来砌院墙、建养猪场、盖塑料大棚。在这种情况下鱼粉厂便频繁催要货款，并且说，我们由于资金短缺，无法进货，已经停产了，损失严重。

养鸡场欠的货款越来越多，最后达到120多万元，欠得越多，就越不想还债。鱼粉厂由于无钱购买生产原料停止了生产，就派专人经常到养鸡场索要货款，养鸡场邢万财的方法就是一个：避而不见。鱼粉厂实在无奈，钱为民厂长也亲自来过，让养鸡场分批陆续还债，如果实在不还，只能诉诸法律。

怎办呢？欠债还钱，本来是个很简单的问题，可是，邢万财竟开始琢磨起别的办法。他想到了可以说鱼粉质量不行，但送来的鱼粉都经过了验收、入库，而且已经喂鸡了，鸡也下蛋了，蛋也卖出去了，有了收入，这时再说鱼粉质量不行，难以说出口；养鸡场也曾经死过几只鸡，可以说是吃了鱼粉厂送来的鱼粉造成的，但又一时拿不出证据……邢万财总在琢磨怎么才能把这120多万元赖掉，可是，不还钱，鱼粉厂的钱为民肯定要起诉。猫盼耗子活，耗子盼猫死，欠很多钱的债务人常常这样想,如果债权人死了,这笔债务就一笔勾销了。

一天,养鸡场的邢万财打电话给鱼粉厂的钱为民厂长,说:"关于鱼粉钱,我没有能力一次还清,能不能给我点儿时间,让我一点一点还,你最好来一次,咱俩谈一谈。"

听说养鸡场要还钱,钱为民当然很高兴,本想与推销员刘万一起去,但由于鱼粉厂已经停产,员工回家,再说自己也去过养鸡场,就一人前往。他哪里知道:欠你少量钱的是你的债务人,欠你大量钱的,是盼望你早死的仇人。他完全放松了警惕。放松警惕往往会酿成悲剧。

钱为民要来,邢万财做好了准备。钱为民下了火车又换汽车,再加上到养鸡场交通不便,当他来到养鸡场时,已经快到吃晚饭的时候了。邢万财说:"关于鱼粉的钱,我这里有20多万元,剩下的咱俩谈一谈,你们能不能容我点时间,我分几次还清,一分钱都不会少,你别到法院起诉,咱俩还得继续保持供求关系。"说完,邢万财又说:"这么晚了,咱们先吃饭,边吃边唠。"说完,他把钱为民领到养鸡场门前的一个库房内,那里已经摆好了酒、饭菜,他们在那里吃饭,商量着还款计划。

邢万财说:"这屋里也有床,吃完,你愿意在这住就在这住,如果不愿意,我把你送到东头,离这不远有一个个体旅社,那里条件也挺好。为了确保安全,你明天回去先不带现金,我立刻把款打过去,不等你到家,钱款就到了。其余的部分就按照咱俩议定的方法办,分期分批汇给你,不过三个月,全部汇齐,说到做到,决不食言。如果不能全部归还欠款,你到法院起诉我。"

　　钱为民怎么也没想明白,邢万财会主动让他来谈偿还债务问题,而且还答应在短时间内全部还清。他想来想去,想明白了,原来是他说了准备要向法院起诉这句话起了作用,一定是邢万财害怕被起诉才答应还钱的。由于他这样认为,也没提防,但当他喝得差不多的时候,不管邢万财怎样劝,他都不喝了。

　　邢万财没办法,不能再劝,如果继续劝,容易使钱为民产生怀疑,看看夜已经深下来,四周悄无人声,就说:"我去找人给你准备点鸡蛋,你明天走的时候带回去。"说完便离席而去。

　　你以为他真的是让人给钱为民准备鸡蛋吗?不对,他到另一个房间,取来一根两米长的铁管子,这铁管子是他们在这房间里安装土暖气时剩下的。他把这铁管子拿过来,趁钱为民没反应过来是怎么回事,就不由分说地往他头上猛砸猛打,一直将他活活打死才住手。

　　邢万财早有准备,在房前不远的地方已经挖了一个坑,他把尸体拖到那儿,给埋上了,再返回屋内打扫现场,看没留痕迹,便认为欠鱼粉厂的120多万元就此一笔勾销。

　　邢万财想得太简单了,没过多长时间他就被抓获归案。为了躲债而杀人,他将受到法律的严厉制裁。

欠债还钱,天经地义。
躲债杀人,法理不容。

捡到财物

辽宁西部的凌海市松山镇是个沿海乡镇,紧靠渤海。5月9日上午10点多钟,松山镇的农民赵显亮来到海边赶海。他拿一根鱼竿想来钓鱼,还拿一把小铁锹想挖一点贝类。

没见过海的人想不到,大海神奇无比:无风平如镜,风大浪如山。这天的天气很好,晴空万里,没有一丝风。赵显亮来到海边的时候大海已经开始退潮。他背个小竹篓,把小铁锹放进竹篓里,拿着鱼竿开始下水,想在海边钓几条小鱼。钓了一会儿,看看身后的海滩已经露出一大片,他改变了主意,又在沙滩上挖贝类、到礁石上弄牡蛎。他紧忙活,知道海水退了以后,过不了多长时间又会涨上来,他要争取在退潮这段时间把小竹篓装满。

海水退完以后,没过太长时间又开始涨潮。海水开始逐渐淹没已经露出来的沙滩。这时赵显亮就想,假如自己有一条舢板,就可以坐在上面垂钓,不受涨潮的影响。

他这样想,也就向四周看了看,还真的看见不远处有一条小舢板。正在涨潮的海水已经涨过了这条舢板的船底,再过一会儿,继续上涨的海水就会让这条小舢板漂起来。他走到跟前,看了看,这是一条很不错的舢板,虽然不是很新,但也不太旧,船里还有一支桨。他跳上船,想驾船到里面去钓鱼。但又一想,不行,这船是谁的呢?船主来了看见一定会不高兴。他又跳下来,四处张望,想找船主跟他商量借用一下。他没找到,随着海水的不断上涨,赵显亮也就慢慢地退到岸上。

他临走时还恋恋不舍地看着这条小舢板。这船既没有锚固定在沙滩上,又没有绳索拴在陆地什么目标上。这是谁的?如果不用锚或者绳索来固定就会随浪漂走。过一会儿,他见海水已经全部涨满,这条小舢板已经完全漂在海面上,但仍然没发现船的主人。赵显亮看了一眼这条小船,恋恋不舍地离开海边回家了。

回到家,妻子看见小竹篓里装了不少"猎物",就说,"你还真行,我们今天就改善生活。"

赵显亮说:"我临回来时看见海边有一条小舢板,本想找船主借用一下,在海里钓一会儿鱼,但一直没找到船主。这船既没有锚,也没有用绳索来固定,不知是从什么地方漂来的。"

妻子说:"这是无主船只,你别说是借用一下,就是转手把它给卖了也不是偷,更不是抢,你得了钱,船主找不到他的船,事情也就拉倒了。你太傻,这样的发财机会怎能错过。"

赵显亮说:"你怎能有这种想法呢?不是咱的咱不能要。你记住:做人,有毒的东西不吃,犯法的事不干。靠劳动挣钱,本本分分地生活这才平安。那条小舢板不是咱的,不要说是拿去给卖了，就是不经船主允许用一下也不行。"

妻子说："你个死心眼子，发大财的机会砸到你头顶你也接不住。得了，别说了，趁天色还不晚，你骑自行车把你弄来的这些海货给我妈家送去一点。"

赵显亮骑自行车来到邻村的岳父家送海货，闲聊中还把在海边看见一条小舢板的事跟岳父说了。

非常凑巧，岳父家的邻居朱光甲在场，他听了说："我正想找木匠给造一条小舢板，太贵，就想买一条。你既然遇到这个机会，别放过。你发现这条船，既没有锚也没有绳索，这说明是被海水从别的地方冲来的，是别人丢的。你如果不想留，明天去把船摇到我们村的海边来，这船算是你的，我买，按照小舢板的新旧程度，合理定价不亏待你。"

赵显亮说："那能行吗！这不是一包钱，可以捡过来装进衣兜。这是一条舢板，即使把它捡来，没地方放，没地方藏，人家来要不也是还得给人家吗！"

朱光甲说："你自己不敢留，可以卖给我。这不是偷，也不是抢，更不是骗。你把船摇过来卖给我，由我来处理，其他的事不用你管。你如果不干，你告诉我那条小舢板在什么地方，我去把它弄来。"

法律意识不强的人经不起诱惑，经人劝说赵显亮犹豫起来。他不愿意失去这个发财机会，说："我明天再去看一看。"

朱光甲说："世上的事情就是这样，机不可失，时不再来。你在路上遇见一个钱包，没捡，明天去捡，不一定还给你留到明天。咱俩现在就去，这条船是你发现的，算你的。"

赵显亮说："现在去不行，一是天黑，找不到船，二是夜里去弄船，容易出问题，会引起别人怀疑。这样吧，我明天上午早点去，在刚刚开始退潮，能够登上船的时候我就上船把它摇过来卖给你。如果船没了，我也来告诉你一声。"

朱光甲说："咱俩一起去。"

"不行，两个人目标太大，被人发现，两人的回答很难完全一致，容易出问题。还是按照你说的那样办，我一个人去，把船摇过来，卖给你，至于价钱多少，你看着办，因为这个船是捡的，我不会跟你要很多。"

第二天上午赵显亮就来到海边。由于夜里没有风，远远就看到那条小舢板仍然在海上，没挪多远，赵显亮喜出望外。他在潮水退到一定程度的时候，爬上去，拿起桨，把这条船摇走，卖给了朱光甲。

朱光甲知道这条小舢板是赵显亮捡的，也不是很新，把价钱压得很低。赵显亮知道这笔钱来得容易，也不计较，把钱接过来，揣进腰包，买卖就算成交。赵显亮没费吹灰之力就发了一笔小财，他没想到这会引来麻烦。

再说朱光甲，买到了便宜货非常高兴。他知道这条船来路不好，马上就对它进行全面翻新。把船拖到岸上，扣过来，把船底刮了一遍，刷上漆。对船的上面也进行了维修、整理、刷漆，这船就成他的了。

这条小舢板是辽西沿海渔民张瑞卿的。他由于一时不用，就用锚把它固定在海边，没想到，在一个风大浪急的天气里，锚绳断了，锚还深深地扎在海滩里，小船却被风吹走。他发现舢板船丢失就立即四处寻找。

由于锚绳断了，锚仍然扎在海滩里，他知道这条小舢板船不是被人偷走的,而是被海风吹走的。他确信,这条船即使被海风吹得再远,也不可能吹到黄海、东海,更不可能吹到南海。这条船失踪的时间也不长,况且最近几天还没刮风,他坚信,这条小舢板一定能够在渤海边附近找到。

这条小舢板可不像汽车,可以开进院子,开进胡同,或者是开到别的地方藏起来,小舢板只能漂在海边。小舢板是个庞然大物,放在海边,在老远的地方就能看见,这给张瑞卿查找带来了方便。

朱光甲把问题想简单了,认为只要把这条小舢板进行翻修,刷上漆,改变模样这船就是自己的了。

张瑞卿终于找到了他的小舢板,问朱光甲:"这条小舢板是我的,你从哪儿捡的,还给我吧。"朱光甲说:"这是我花钱买的。"张瑞卿问:"你从哪儿买的?"朱光甲知道这条小舢板来路不可告人,就说:"我告诉你,这条小舢板是我花钱买的,至于从哪儿买的、花多少钱与你有什么关系?"然后不管张瑞卿怎么问他都不理睬。

难道世上没有王法了吗?你不理我,可以,但你不能不理司法机关。张瑞卿来到派出所报案,说他的一条小舢板被一个叫朱光甲的人偷去了。有人报案,司法机关不能不处理。

派出所派人找到朱光甲,问他这条小舢板是哪来的。他先是说花钱买的,问他花多少钱,从哪买的,他回答不上来,后来又改口说是自己做的。派出所的人又问:"你做这条小舢板的木材是从哪买的,是你自己做的还是请别人给做的?谁给做的?"派出所的人不依不饶,不把事情弄清楚就不善罢甘休。朱光甲实在抵挡不住,只好说了实话。

《民法通则》第七十九条第二款规定,"拾得遗失物、漂流物或者失散的饲养动物,应当归还失主,因此而支出的费用由失主偿还。"

派出所根据法律规定,责令朱光甲把这条小舢板归还给失主张瑞卿。朱光甲为了翻修这条小舢板支付的费用,不属于"因为拾得、保管遗失物所支出"的,张瑞卿可以不向朱光甲支付费用,但张瑞卿认为,小舢板毕竟被刷新了,就主动向朱光甲支付了少量钱款。赵显亮向朱光甲返还了卖这条小舢板的钱款。

一场风波之后,这条小舢板的失主张瑞卿找回了丢失物,朱光甲遭受少量损失,赵显亮白忙活了一阵,遭到周围群众的白眼。

 捡到财物归自己,法律不允许。

发财美梦

沈阳造币厂承担着一项国家交办的重大任务,就是冶炼从民间收集来的黄金和白银。可以想象,在这个工厂的生产车间,一定会堆满了黄金和白银,因为这是生产原料,必备用品。生产科长张宝昌看到一堆堆黄金和白银眼馋心动。他开始琢磨,怎么才能把厂里的黄金搬回家里两块呢?

从有这种想法开始,他的心绪就一直没平静过。他首先考虑的是偷还是不偷。他认为,自己是生产科长,最有机会接触这些黄金,即使是厂长,也不可能像他这样天天到生产车间。自己在车间出出进进,东走西逛,没人过问。以后如果退休了,想到这里偷黄金,那是根本办不到的事。再说,厂内并没有安装摄像头之类的设备,别看厂外戒备森严,但在工厂内,还是有可乘之机的。于是他果断决定铤而走险,偷!随后就开始考虑怎样偷和在什么时间偷。

他准备了一把撬压装黄金箱子的羊角锤,准备了一副手套,打算在周末职工下班后的时间动手。机会终于来了,一个周末的晚上,天下小雨,他决定就在这天干大事!

盗窃黄金之前,他先到厂内浴室洗澡。因为这天是周末,浴池里聚集的职工最多。在浴室里,他热情地和每个工人打招呼,目的是让大家知道,在这个时间,他在浴室没有作案时间。洗了一会儿,他回家取了作案工具,披件雨衣,冒着小雨,窜进造币厂生产车间,用羊角锤撬开装黄金的木箱,拿出两块金锭,用绳子一端绑一块,挂在脖子上,然后外面披上雨衣,迅速离开现场回家。前后大约用了20分钟。

到家后他把两块金锭藏好,然后迅速来到舞厅,他知道这个地方也是职工聚集最多的地方,他和大家打招呼,让大家看到,在这个时间,他在舞厅,没有作案时间。夜深了舞会结束,他在众目睽睽之下离开这里。

他表演完自己"没有作案时间"以后,回到家,在深更半夜才开始紧张地毁灭证据的工作。他把作案时穿的一双鞋和早就准备好的一双鞋底一起递给老伴儿,说:"快!快把鞋底拆下来烧掉,再另换一双鞋底,快!快啊!"

他老伴儿知道他的所作所为,又急又怕,吓得手都哆嗦了,急急忙忙地拆鞋底、换鞋底,而张宝昌则忙着藏金锭。他在灶坑内挖个坑,把两块金锭放到里面。一切都处理妥妥当当,夫妻俩才上床睡觉。他们又惊喜又恐惧,彻夜难眠。张宝昌料到,金锭被盗一定会轰动全厂,一定会引来许多警察到这里来破案。

没出张宝昌所料,星期一职工们上班后发现,两块金锭一共800两被盗,这个消息像炸雷,不仅在全厂、全沈阳市炸开,而且还惊动了北京中南海。大批警察牵着警犬,开进沈阳造币厂,到这里来破案。警察们经过现场勘查,认定作案人一定是厂内职工,并声称一定要在一星期内破案,挽回国家损失，抓获窃贼。

全厂千人，人人都是怀疑对象。大家背靠背，互相检举，互相揭发。每人都要按手印，验指纹。现场留下的布鞋鞋印和作案工具羊角锤被列为重点线索，职工们穿的布鞋和家里的羊角锤都必须上交。由于职工们积极支持破案工作，在很短时间内，一筐筐布鞋和数以百计的羊角锤都被送进厂里。破案工作夜以继日，分秒必争，紧张进行。

由于许多职工证实，在发案时间里张宝昌在浴室洗澡，在舞厅跳舞，他没有作案时间，他很快就被排除在作案范围之外。

窃贼漏网，无辜人难免遭受不白之冤。首先是郭家惠，由于他是产品包装组的组长，直接接触被盗金锭，成为重点怀疑对象。关押他三个月，让他交代问题，不交代就是不老实的表现。虽然没有证据认定他是作案人，但最后还是撤销了他的职务和预备党员资格。一向忠厚老实的人受到这样的处分，见人不敢抬头，真是太委屈了。

厂长李榆也被列为怀疑对象，到他家搜查，没发现黄金和可疑之处，但有人怀疑，他很可能把黄金藏到他母亲棺材里，于是就掘开他母亲的坟，打开棺材，但只见白骨，不见黄金。这时又有人说，他家的保姆在黄金被盗后离开了他家，很可能是那位保姆把这800两黄金藏起来了，于是有人又去追查这位保姆。

被盗黄金是800两，价格昂贵，在很长时间里公安机关一直没放弃对这起案件的侦破。张宝昌也就从盗窃黄金之日起，天天在忐忑不安中度日，日日在万分惊恐中生活。活了大半辈子的张宝昌这才明白：人的幸福，不在于占有金钱，而在于心情平静，没有负担。

一个人不要说违法犯罪，就是做了亏心事思想上也有负担。心不静，易生病。

张宝昌想自首，想去掉这块心病，但又一想这不是自投罗网吗？这不等于自己要进监狱吗？他没勇气。他也想过要把这两块要命的金锭扔了，但往哪儿扔呢？扔的时候容易被发现，即使没被发现，人们发现了金锭，也容易出事儿。张宝昌就这么终日恐惧，常年忧虑。他担心这样下去是要病倒的。

首先病倒的是他年迈的父亲。他父亲曾经因为儿子是造币厂生产科长而骄傲，逢人便说：儿子好，儿子强，儿子孝顺，儿子为他争光。后来知道儿子是盗窃国家800两黄金的窃贼，不仅羞于见人，还常常辱骂张宝昌："你个没出息的东西，给张家丢人、抹黑，你是缺吃、缺穿还是缺住的？你缺钱花吗？好好的日子不过，好好的科长不当，这不是找死吗？你犯傻啊！"他父亲本来身体一直很硬实，当他知道儿子是个窃贼时，又气、又羞、又怕、又恨。子女男盗女娼，父母脸面无光。不到一年，老父亲就背着沉重的精神包袱离开了人间。

提心吊胆的张宝昌虽然没死，但天天担忧，日日恐惧，已经被折腾得死去活来。他害怕邻居发现他家灶坑里的两块金锭，就偷偷扒出来，锯成四块，用木板包上，垫了炕柜。这既能天天看到这四块金块不丢失，又不易被人发现。

做贼心虚，没过多长时间，他还是觉得不放心，怕邻居知道他的底细。当时职工住房都是厂里分的,他主动提出,要把自己的住房让给别人,自己要住条件差的。他说:"咱是党员,党培养咱多年,在房子很紧张的情况下应该把条件好的、方便的房子让给别人。"

张宝昌搬到一处平房,加高了院墙,终日大门紧闭,唯恐有人知道他家底细。儿子结婚时怕招来很多人,他连一张喜字也不贴,别人问其故,他说:"咱作为厂里的中层干部,不能借子女结婚收敛钱财。"

张宝昌从偷金锭开始,时间过去了接近20年。案件虽然没破,但在这期间,他没享受到这两块金锭带来的幸福,得到的只是精神上的压力和恐惧、不安。他认为,人生短暂,不能再这样活了,应该享受一下金锭带来的幸福。

一天,他从金锭上剁下一块,让老伴儿到银行去卖,以便换回一些钱财来享用。由于这个金块的纯度、形状怪异,银行保卫部门一边稳住这位卖黄金的女人,一边把这个情况迅速向公安机关报告。张宝昌的妻子当场被扣押,随后事情水落石出。张宝昌在忐忑不安中度过了接近20年,最终落入法网。

沈阳市中级人民法院认定张宝昌犯贪污罪,对其判处死刑。他妻子因为帮助销赃,也被定罪判刑。

宣判后张宝昌提出上诉。二审时,辽宁省高级人民法院在辽宁公安司法干部管理学院的大礼堂公开审理了此案,旁听者过千人。张宝昌对自己的犯罪行为供认不讳,只是辩解说:"这两块金锭全部追回来了,一点儿没损失,请求从轻判处。"辽宁省高级人民法院驳回上诉,维持原判,随后报请最高人民法院复核死刑，待核准后将其执行死刑。

最高人民法院经过复核认为，这 800 两黄金虽然是张宝昌拿回家的，但这与他的生产科科长职务无关，他是乘人不备，采取秘密窃取手段，并不是利用职务之便。最后，张宝昌被改定盗窃罪，而不是贪污罪。盗窃罪没有死刑，他被改判无期徒刑。

君子爱财，取之有道。
不义之财，招灾引祸。

拦路抢劫

8月13日凌晨2点钟左右,天色漆黑。辽宁省黑山县小东镇四个农民尚广勇、王汉卿、李军、王汉哲分别驾着两辆马车赶夜路。他们从辽宁省辽阳市辖区内的灯塔沿着沈大公路往辽阳市行进。宁静的夜晚,马车在公路上行进,"嗒嗒"的马蹄声显得特别清脆。

他们走到辽阳市太子河大桥北侧,突然从路旁深沟里蹿出两个持刀歹徒,走在前面的李军和王汉哲赶的马车被截住了。当时天黑,路上没有车辆和行人。一个大个子歹徒拔出刀,问他俩:"你们是要钱还是要命?"

李军和王汉哲吓哆嗦了。李军连声说:"要命,要命。只要不伤害我们,你们要什么我们给什么。"王汉哲马上随声附和:"你们如果要马车,可以把马车赶走,只要不伤害我们就行。"歹徒闻言甚喜,心中有了底,原来是两个胆小怕死的家伙。那个矮个子歹徒说:"我们要你们马车干什么!赶紧掏钱!把所有的钱都掏出来,我们免你们一死。"说完两个歹徒就开始翻他们衣兜。李军和王汉哲就任凭他俩搜刮行抢。

李军和王汉哲的懦弱助长了歹徒的威风,这两个歹徒气焰更加嚣张,肆无忌惮地翻遍了李军和王汉哲两个人的衣兜,把他俩洗劫一空。

歹徒抢劫得手,欣喜若狂,更加肆意妄为。不一会儿,尚广勇和王汉卿赶的马车随后过来了。这两个歹徒错误地认为,深更半夜在这里行抢,路上没行人、没警察,被抢的一定都会像刚才那两人一样唯唯诺诺,胆小如鼠,如同绵羊。

这两个歹徒又故技重演,上前拦车,大个子歹徒拿着刀,对赶车的尚广勇说:"你是要钱还是要命?如果要命,赶快把钱掏出来,你要敢不给,我就要你的命!"说完就拿着刀翻尚广勇的衣兜。

尚广勇知道,自己的身后有国家,有法律,有公检法机关,怕什么!面对这两个歹徒,他沉着应对。就在歹徒翻他衣兜时,他向这个歹徒猛踹一脚,把他踹了一个趔趄。这个歹徒完全没想到会挨一脚,这一脚把他踹得乱了方寸,开始慌张。原来他更怕被抢的人。

跟车的王汉卿看到同伴已经奋起反抗,也从马车上拿起一根木棒,跟那个小个子歹徒厮打起来。小个子歹徒遇到反抗,感到突然、震惊、胆怯,没想到还能遇到这种情况,完全没有精神准备,只好勉强应战,于是双方开始对打。

那个大个子歹徒被踹了一下,手拿尖刀扑向尚广勇。尚广勇及时躲闪,没被扎到,他抓起车上一把给牲口割草用的镰刀,与这个大个子歹徒展开殊死搏斗。

这个大个子歹徒两次刺杀尚广勇,由于尚广勇躲闪及时,都没扎上。当这个歹徒再次举刀刺过来时,尚广勇被迫自卫,一抡镰刀,这镰刀深深地刨进那个大个子歹徒的后背。当时是夏季，穿的衣服少，这镰刀刨得很沉。小个子歹徒见同伙受伤，转过身，用手中的刀刺向尚广勇。王汉卿见情况紧急蹿过去抱住小个子歹徒后腰。这时那个大个子歹徒跑过来，向王汉卿的臀部连刺三刀，又向王汉卿后背刺了一刀。王汉卿被扎伤后松开了手，使小个子歹徒乘机逃跑了。大个子歹徒随后倒地，双方的搏斗停止了，王汉卿赶紧向辽阳市公安机关报案。

那个小个子歹徒跑了一段之后，见大个子歹徒没跟上来，又返回来，见同伴伤口流血不止，就拦截一辆出租车，将其送到辽阳市第一人民医院。大个子歹徒因为肺部损伤，流血过多，抢救无效死亡。

此事发生后，小个子歹徒恶人先告状，告到辽阳市人民检察院，谎称他俩骑自行车与马车相撞，发生了口角，车夫将他的同伴刺死。被抢的一方向辽阳市公安机关报案，说是遇到了抢劫犯，已经将抢劫者的一个同伴杀死。哪方说了真话，哪方说了假话，只能靠实地调查。

辽阳市公安机关经过现场勘查，询问了李军和王汉哲，又经过多方调查，很快查清了案件事实。

这个大个子歹徒叫徐刚，23岁，小个子歹徒叫田彬，26岁，他俩都是辽阳一家工厂的工人。就在这件事发生前一小时，他俩还在辽阳太子河桥南抢劫了辽阳县沙岭镇农民姚卫德和吕凤夫妻俩1600元。在确凿的证据面前，田彬不得不交代犯罪事实。他供认，在这之前两个月里，他和徐刚先后抢劫作案四起。

事实查清了，案件最终结果为：尚广勇在自己和他人的生命财产遭到歹徒非法侵害,无法脱身的情况下,被迫用镰刀将抢劫犯徐刚砍死,根据《刑法》第 20 条第 1 款规定,其行为是正当防卫,不负刑事责任。他敢于同歹徒作斗争,值得称赞。犯罪分子田彬的行为已经构成抢劫罪,依法予以逮捕。抢劫主犯徐刚被砍伤致死,根据《刑事诉讼法》的规定,不再追究其刑事责任。

"人有三分怕鬼,鬼有七分怕人"。
犯罪分子也怕敢于与其斗争的人。

全家犯罪

马素芬住在辽宁省沈阳市于洪区造化镇，一天傍晚，太阳刚刚落下去，路灯还没亮，路上的行人和车辆清晰可见。这时，她看见一辆装满货物的大卡车停在一家饭店门前，从车上下来两个人，一个男人可能是司机，还有一个女人提个小提兜，他俩一前一后走进这家饭店。车上的货物用一个大帆布遮盖，这块帆布用绳子紧紧绑在车厢板上。

马素芬透过饭店的玻璃窗清楚地看见这两个人坐在一张餐桌旁，开始点菜，而停在饭店门前的这辆大卡车却无人看守。她走到车跟前，掀起车厢上蒙着的那块帆布的一角，一看，里面是一包一包的衣服、布匹之类的东西。她想，车上装这么多东西，他俩怎么同时都到饭店吃饭，怎么不留一个看护呢？

一般人可能熟视无睹，而法制观念很差的马素芬则认为，这是千载难逢的发财机会。她跑回家，对丈夫蔡喜元说："发财的机会来了！"

"怎么回事？"

"有一辆装满货物的大卡车停在饭店门口，司机和跟车的都进饭店吃饭去了,至少能有半小时没人看车。车上的东西是用帆布遮盖的,帆布是用绳子绑的,咱拿菜刀把帆布绳砍断,你有力气就从车上往下搬东西,我给你站岗放哨,万无一失。如果饭店里吃饭的那两个人吃完,准备要离开饭店时我就摆手示意,你就停止搬运。这个机会咱可千万不能错过。"

她丈夫蔡喜元瞥她一眼,说:"你怎么净出这样的点子呢!从人家车上往下搬东西,这叫偷,咱怎么能干这种事!你没想到这么干能出什么后果吗?这事万无一失也不干。再说,那个司机和跟车的在饭店吃饭,看不到,外边行人很多,别人会看见,你干这种事不是没事找事吗!"

马素芬说:"现在的人都很麻木,你是不是偷东西,谁管!只要不偷他的,他才不管呢!别说了,时间紧,我没时间跟你争辩,你如果不去,我领儿子去。这是千载难逢的好机会,机不可失,时不再来,一定不能错过。"

说着,她对身旁的儿子蔡举说:"你拿把菜刀跟我去。我把绑帆布的绳子砍断,往家搬东西,你给我站岗放哨。看住饭店里正在吃饭的那个司机和跟车的女人。他俩如果吃完要离开饭店,你立刻向我示意,我就停止搬运。"

她儿子在犹豫,妈妈的话是听还是不听呢?这时马素芬又催促说:"你快跟我走,这辆车没人看管,司机和跟车的都在吃饭,咱俩一个站岗放哨,一个往家搬东西,这个机会绝对不能错过。"说着就拿起菜刀,拽着儿子往外走。她儿子蔡举16岁,拗不过她,只好跟她去了。

蔡喜元见妻子把儿子拽走,在家如坐针毡,放心不下，也就跟了出去。他来到饭店门前，看见妻子已经砍断那辆大货车上绑帆布的绳子，掀起帆布的一角，吃力地往下拽一个大布口袋，他不由自主地跑上前，帮助往下拽。拽下来一个，他往肩上一扛就往家跑。他负责往家扛，马素芬负责从车上往下拽。他扛回两个，当返回来要扛第三个时，他儿子蔡举摆手示意，意思是说，在饭店吃饭的汽车司机和那个跟车的已经吃完了，开始要往外走，蔡喜元和马素芬停止了搬运。

司机和跟车的吃完饭出来一看，见汽车的帆布有人掀动，绑帆布的绳子被砍断，车上的货物少了，立刻报案。

俗话说，路不平有人铲，事不平有人管。蔡喜元和马素芬从车上往下偷东西，这辆车的司机和跟车的确实没发现，但当时天色并不黑，外边的行人很多。有的看见了他们的行为，在人群里，有正直的、疾恶如仇的，不知是谁把这个情况已经抢先用电话报告给公安机关，并且告诉了窃贼把货物扛走的方向。汽车司机和跟车的刚报完案，公安人员就来到这里勘查现场，随后就把蔡喜元和马素芬以及他们的儿子蔡举三人一起抓获，并在他们家找出了全部赃物。

案件移送到检察机关，随后被提起公诉。法院经过审理，根据事实和价格鉴定，认定这一家三口人均犯盗窃罪。蔡举虽然没有具体从车上往下搬东西，但他站岗放哨，在这起盗窃案件中，只是分工不同，他是盗窃共犯。他的年龄已经达到应该负刑事责任的年龄。法院认定蔡喜元和马素芬是主犯，蔡举是从犯，判处了他们不同的刑罚，被偷去的货物全部追缴返还给失主。

在这起盗窃案件中,马素芬一家三口分文没有得到,得到的是人民法院给他们的一纸刑事判决书,随后都被送进了监狱。

贪心不足蛇吞象,
全家犯罪都遭殃。

官商勾结

官商勾结确实是"最佳组合",当官的花钱方便,经商的办事也方便,如果想当官,还有被提拔的可能。但不要忘了,事情有利也有弊。一方倒霉了,另一方也好不了。司法实践中许多"拔出萝卜带出泥"的案件就是这样出现的。咱以万刚副县长的案件为例。

万刚副县长带领一个调查组到建新乡搞调研,乡里相当重视,特意安排一个会说话、会办事、精明强干的安中仁来具体负责接待工作。

安中仁认为,要想有成绩,要想发迹,就得靠关系。没关系就得建立关系,建立不了就得找关系,找不到就得买关系。乡里决定让他来招待万刚副县长,这是跟上层领导建立关系的良好时机,绝不能放过。

万刚副县长一行四人在乡里一连住了七天,安中仁在这期间,放下乡里的所有工作,一心一意陪同万刚副县长搞调研,专门负责他们的吃、喝、住、玩等事务。万刚副县长他们临走时,安中仁还给每人带上一份丰盛的土特产。安中仁想得周到,安排周密,使万刚副县长一行人的调研圆满结束,他们个个高高兴兴地离开这里。

安中仁跟万刚副县长接触了七天,他把乡里的钱花了不少,自己也借机跟上层人物建立了关系。万刚副县长认为,安中仁是个精明强干的大能人,很会来事。从这时起,安中仁就跟万刚交上了朋友。安中仁傍上了一个这么有权的领导,飞黄腾达指日可待。

逢年过节,安中仁必然要到万刚家"进贡",送来丰厚的土特产。小钱不出,大钱不入。安中仁深知:若要有所求,必须有所舍。一天,他又带了不少礼品到万刚家"进贡",万刚喜笑颜开,说:"咱县要上个大项目,成立万宝公司,这个公司正在筹建中,需要人手。你如果愿意来,可以在筹建部给你安排个副总指挥的角色。"

安中仁心想,这毕竟是离开乡里,往县里迈步的一个台阶。自己在乡里仅仅是个小科员,现在到县一级,还可以当筹建部的副总指挥。尽管官儿不大,但竟可以掌握一部分权力。他当即表示:"如果万县长能把我调到这里来,我感激不尽。"万副县长说:"既然这样,你在家等我消息好了。"

万副县长负责这个项目的开发,在他的举荐下,过了不长时间,安中仁果然走马上任,成了万宝公司筹建部的副总指挥,开始在这里上班了。

安中仁既然担任了筹建部的副总指挥,手中就有了一部分权力,况且他身后有万刚副县长这个靠山,经常介绍工程队到这里施工。工程队为了能够不断地揽到这里的工程,常常要给安中仁送一些好处,每逢送来好处,安中仁都要给万刚送去一部分。他们双方心领神会,心照不宣,绝不说明其中的详细情况。

安中仁虽然是筹建部的副总指挥,但由于总指挥知道他与万刚副县长的关系密切,对他的许多越权行为也常常是忍气吞声。

后来,万刚被提拔为县长,安中仁感到自己的靠山更强大了,胆子也就更大了。

随着万宝公司开发建设的需要,万宝公司有一项1000多万元的工程项目。安中仁对万宝公司筹建部的总指挥王俊说:"万县长说,李允志懂工程,会管理,曾经跟他打过交道,把这个项目给他比较合适。"由于安中仁打着万刚的旗号要工程,王俊不好拒绝,就说:"给他也行。"就这样,这个1000多万元的工程建设项目给了李允志,随后拨去100万元预付款。

安中仁不失时机地找到李允志,说:"这个项目交给你也是经过许多波折的。现在咱王俊总指挥的儿子要上大学,想让你资助一下又没好意思开口。"

工程队长李允志明白其意,觉得以后跟万宝公司打交道的时间很长,实在得罪不起万宝公司,立刻送来20万元。这20万元怎么处理呢?安中仁把其中10万元交给了王俊总指挥,把剩下的10万元准备都给万刚。他把这10万元送到万刚家时,对万刚说:"我爱人在企业上班,企业的效益不好,收入太低,以后如果有机会,请您帮个忙,把她的工作给调动一下。"说着,把这个包有10万元现金的纸包放到万刚家的茶几上。他们仍然心领神会,心知肚明。万刚说:"你放心,我给安排就是了。"

端人家的碗,就得听人家使唤;拿了人家10万元,就得为人家办事。没过多长时间,万刚真的把安中仁妻子给调出来,安排到了县农业局。

手里有钱好办事,朝中有人好做官。安中仁有这样一个好朋友当县长,左右逢源,青云直上。

后来县政府筹建一座大宾馆,安中仁被调来担任筹建部总指挥。他由原来的副手到这里变成了正职,是这个单位的一把手。可是,这个宾馆在筹建过程中欠了不少外债,使这个宾馆开业以后资金短缺,经营困难。安中仁急得焦头烂额,无计可施。这时有个曾经在酒桌上喝过酒的酒友李禄说他有办法,可以弄到一笔贷款,但首先得拿出10%的活动经费。

安中仁觉得,办事不花钱,里外讨人烦。由于资金短缺,宾馆的许多项目不能正常经营,为了解决燃眉之急,他拿出100万元交给李禄,让他给宾馆贷款1000万。李禄也确实有能力,真的为宾馆抵押贷款贷出1000万,可怕的是这笔钱款没交给宾馆,而是落到他自己账户上,然后李禄携款潜逃了。

宾馆出了这么大问题,给国家造成这么大损失,安中仁有不可推卸的责任,他被拘留了,关进了看守所,等候法院审判。

官商勾结,你用我手中的权,我用你手中的钱,互相利用。但商海波涛汹涌,商船一旦倾覆,往往会城门失火,殃及池鱼。一方出了问题,另一方就会受到牵连,立刻落水,葬身鱼腹。

安中仁是宾馆筹建部的总指挥,也是宾馆的总经理,这一下子被关进了看守所，成为囚犯，地位发生了天翻地覆的变化，他很不适应。在看守所里，他度日如年，天天盼望他的铁哥们儿万刚能拉他一把。他认为，万刚是一县之长，全县都得听他的。可是，时间一天一天过去了，安中仁仍然被关在看守所，经常被提审讯问，让他交代问题。

万刚是县长不假，但县里的工作也不是县长说怎么办就怎么办的。公检法三机关要按照国家法律规定开展工作，别说是县长的朋友犯罪了被抓进去，就是县长他爹杀人了，他也没办法把他放出来。

安中仁对万刚不来救他很不理解，因此很反感。他认为你万刚吃了我不少东西，花了我不少钱，难道你是我爹，我白养活你吗！我在遇难的时候需要你，你却袖手旁观。

安中仁为了得到从轻处理，也是为了发泄对万刚的不满，他检举万刚和王俊收受工程队的20万元贿赂款，每人10万元。

经查，他的检举属实，王俊跟万刚被抓进看守所。根据法律规定，他俩都被认定犯罪，判处了很重的刑罚，并处没收财产。跟商人勾结的万刚，这一下子赔大了。

官商勾结，你用我手中的权，我用你手中的钱，一方出了问题，另一方就会受牵连。

偏离正道

秦太家住辽宁省鞍山市郊区,这小伙子身体棒,个儿高,力气大,既俭朴又肯干,过日子是把好手。就凭这一点,同村姑娘孟兰嫁给了他。孟兰认为,别看他现在穷,但他知道往家挣钱,将来准是个大富翁。果不其然,她和秦太结婚时,只住公公的一间半旧房。6年后,秦太凭自己的力气,盖起4间雕檐新房、红砖墙、大院套,这还不说,屋里还摆上了高档的现代家具。秦太是个响当当的富翁。

人大概都是这样:穷得光腚想衣衫,有了衣衫想有钱,有了钱财想当官,当了长官想成仙,成仙之后想上天。孟兰就是这种人。她想在平静的富裕生活中掀点波澜,一下子蹦到十万富翁、百万富翁的队伍中。她看到,村里有的人比自己还富裕,他们不仅盖起了小楼,还买了汽车。有人当上了官,成了委员、代表、先进人物,而秦太只知道苦干,靠流汗挣钱。跟他起早贪黑,一身泥,一身水。种了菜,还得卖。卖菜也不是个轻闲活儿,一天到晚像牲口一样,拼命地干。这钱来得可真不容易。

一天晚上,秦太躺在炕上,妻子跟他说:"一年到头,我们像驴似的这么干。从结婚到现在，6年了才盖上房子，买了家具，除了这些，手里一点儿积蓄都没有。咱村有的人盖了新房，买了家电，人家还有存款，他们的钱都是怎么来的？我怎么没看见他们像咱这样干？"

秦太问："那咱该怎么办？"

孟兰说："咱这叫傻干，人家是巧干。咱是靠力气挣钱，只够穿衣吃饭；人家是凭智慧挣钱，钱财堆积如山。不是有那句话嘛，叫作'人不得外财不富'，像咱这样凭汗水挣钱，到什么时候也赶不上趟儿。"

啥智慧？去偷、去抢、去骗……秦太觉得都不行，太危险。怎样才能有个既把钱弄到手又不危险的方法呢？孟兰说："要想富，有两个法儿，一是凭力气，慢慢来，再干六七年，就能挣10多万；二是豁出去干，在违法犯罪的边缘上转，命运好，抓不着，一下子就腰缠万贯，抓进去了，那就是你命不好，算你倒霉。"

秦太说："别冒那个险，凭力气，稳稳当当地慢慢来吧。"

"你这个窝囊废！嫁给你，就得挨死累，什么时候能跟你不受累，享点儿清福呢？"

夫妻二人在富起来之后，总在想能有个富得更快的方法。人不得外财不富。外财之道在哪儿？夫妻二人冥思苦想：如何才能成为百万富翁？

心有邪念易走偏，偏离正道就算完。一天晚上11点钟左右，秦太从哥哥家往回走，在街上看见一头驴，不知是谁家没拴住跑出来的。秦太回家把这事儿告诉给孟兰。孟兰半开玩笑跟他说："你啊，脑瓜儿就是慢！外财撞到你头上了你也看不见。你把它牵来,杀了卖肉,失主认识他家驴的肉吗?"秦太恍然大悟,说:"我回去牵。"

别看孟兰面貌不算丑陋,但心灵奇丑,是个不守本分的人,与这种人在一起很容易被引到邪路上去。

对他人的话不分对错的秦太,发财心切,腿脚也快,说牵就牵,不一会儿把驴牵来了,交给妻子说:"驴在院子里,怎么处理?"

孟兰说:"今晚就得杀了,把驴变成驴肉,要不,失主明天找来就麻烦了。"

"对!"秦太觉得孟兰说得在理,说干就干。他家西屋是间空房。他挡上窗帘,把驴牵进西屋,用孟兰的围裙蒙上驴眼,抡起大锤,一下子把驴砸昏,然后动手宰割、剥皮、剔肉。剔下的骨头、驴头、驴皮、蹄子、肠子等,统统扔到院内空菜窖里,再加上一层土。驴肉放到大锅里蒸煮。天亮了,驴肉熟了,秦太和孟兰拿到鞍山市内去叫卖。很快,一把一把的钱装进了腰包。

孟兰笑着对秦太说:"怎样,比种菜来得快吧!"

"不过这太危险,让人抓着就坏了。"

"怎么抓?你胆子怎么那么小?那些挣大钱的,不都是在违法犯罪的边缘挣的吗?"

"别瞎说,谁是这么挣的?"

其实,谁是这么挣的,孟兰也说不清。说不清她也说,反正她坚信:人不得外财不富,富的,都是得了外财。

在孟兰的怂恿下,秦太一连杀了三头驴,腰包迅速鼓起来。驴,一般都是拴在院子里,偷它,不用撬门压锁,也不用背扛,去了解开缰绳牵着就走。秦太一次顺溜,还想伸手;次次顺溜,不肯回头。秦太不知"驴道儿"危险,一步步离开了做人的正道。当他偷来第四头驴时,犯事儿了。

把第四头驴偷到家,杀了,剥皮,活儿没干完,天亮了。秦太对孟兰说:"昨天剩的驴肉不多,今天你自己去卖,我在西屋把昨晚弄来的这头处理完。你临走时,把门从外边锁上,防止来人。"孟兰走了,秦太蹲在西屋地上继续剔驴肉。

村子里一连丢了四头驴,顿时轰动起来。几个失主凑到一块儿决心彻底找一找。再加上有些看热闹的足有十多人,可以称作浩浩荡荡了。这伙人路过秦太家大门口时,发现了驴蹄印,随后找到院子里。院子里有说话声,秦太听得清楚。一个人说:"驴蹄印进秦太家了!"另一个说:"进去看看!"

秦太站起身直起腰,微微掀起窗帘的一角,往外一看,吓呆了。院子里一群人!他扔下刀,没处躲,只好钻进大立柜里。这时,说话的声音就在西窗下:"看!驴在屋里,被剥皮了!"听到这儿,秦太后悔窗帘只挡了下半截,这一下可糟了。窗外人声杂乱,清晰地听见有人叫骂:"这个损贼,他跑不了!"又一个说:"门锁着,家里没人。咱先别吵吵,别惊动了四邻,等晚上咱把派出所的人找来,把他抓走!"不一会儿,这群人的脚步声由近而远,院子里恢复了平静。

秦太躲在大立柜里听得清清楚楚、明明白白。为了得外财,一切全完。走到这一步,没别的办法,跑吧。被派出所抓去蹲监狱不说,怎么见人?这些丢驴的还不揍我!

他找张纸条,写上这么几个字:"孟兰,驴事失主知道了。晚上,他们领派出所的人来抓我,我跑了。钱,我带了一些,家就交给你了。"这张字条放在炕上,他怕孟兰看不见,还把箱盖上的一个花瓶拿来,放在字条旁,以便引起孟兰注意。

晚上,失主和民警还有村里的有关领导真的来了。孟兰交出字条,说:"事儿都是他干的,他跑了,留下这张字条。"既然秦太跑了,孟兰就把所有罪责推到他一人身上。说杀驴、卖肉,都是秦太一人所为,她怎么劝也不起作用。派出所的民警对孟兰说:"他跑了,这事儿没完。他要回来,你得动员他去自首,或者向我们及时报告。如果窝藏或者支持他继续潜逃,那你就犯法了,犯窝藏罪是要被判刑的。"

第七天深夜11点钟左右,孟兰一人躺在炕上,翻来覆去睡不着,这时听见院子里有脚步声。她害怕,坐起来,没敢开灯,掀起窗帘向院子里看,果然有个人,站在那儿。不一会儿,这个人又转身蹲到院子里的柴草垛后边去了。从走路姿势看,孟兰认出是秦太,他回来了。孟兰明白,秦太怕屋里有人,不敢进屋,是在听动静呢。孟兰仍没开灯,假装出去上厕所。门一开,秦太站起来想跑。孟兰咳嗽一声,秦太听是孟兰,这才又蹲到草垛后去了。

"上厕所"的孟兰走近柴草垛,小声告诉他:"屋里没人。"秦太这才像耗子似的钻进屋里。孟兰上厕所回来,慢慢走,细细听,四下看,见无异常反应,就进屋插上了门。

夫妻大难临头,小别重逢,一见面,都想知道对方的近况。孟兰问:"这几天你跑哪儿去了?"

秦太顾不得回答,小声小气地问:"事儿怎样了?"

孟兰把那天晚上,派出所的人和村里的几位领导到他家来，以及民警对她说的话都对秦太说了，说完就劝他自首。

秦太问："我去自首，公安局会怎么处理我？"

"从轻呗！你自首，证明是我劝的，对我也好。"

"从轻能判几年？"

"那谁知道，你要自首了，我想不会判得太重。最多三五年吧！"

"这三五年你自己在家，日子也不好过呀！这些菜地谁种？"

"看看吧，要是判五年以下，我等你；超过五年，你出来就另找一个吧。你若要房子，那时咱俩再折价分掉。"

秦太听了，心里好不是滋味，自我安慰说："我这个人，农村住过，城里待过，就是没进过监狱，进去蹲几年开开眼界也没什么。"

孟兰说："你若判五年以上，你就别挂念我。我和别人结婚，这房子我先住着。你出来后咱俩当亲戚走，夫妻一回，我一生不会忘记你。你出来生活有困难我会帮你。"

夫妻之间最伤感情的就是被对方抛弃，孟兰要另找他人。她这么一说就像用刀刺了秦太的心窝。

人们分析，孟兰不是傻子，她这么说，肯定有她的道理。她这么直说也许是好意，意在安慰秦太别牵挂这个家，但秦太越听越窝火，心想：偷驴，是你出的主意；卖肉，是你去卖的，出了事儿，让我去自首、蹲监狱，然后你再找一个男人来，房子、家当，我六年的汗水转眼之间就成别人的了。

两人静坐了好一会儿相对无语。过了一会儿孟兰说："夜里不会有人来，先上炕睡一会儿，说不定今晚是咱俩最后一夜夫妻。"

在黑暗中，秦太站起来，没上炕，而是从被垛底下抽出一根一尺多长的枪刺，这是他以前收藏的。孟兰见他没上炕，反而拿个东西向自己刺来，边躲边问："你干什么？你要干什么！"

秦太说："偷驴、卖肉、赚钱，事儿是咱俩干的，祸是咱俩闯的，出事儿了谁也别想好。我去蹲监狱，你在家找汉子，没那好事儿！今天咱俩一块死，我让你死个明白。"说着，就向孟兰猛刺。孟兰跳上炕，秦太追上炕；孟兰跳到地下开门，想跑，急忙中门没打开，秦太又追到她身后，孟兰慌忙闪到炉子后边。当时屋内有个铁炉子，两人就围着炉子转起来。秦太往左刺，孟兰就往右躲；秦太往右刺，孟兰就往左躲。往日的恩爱夫妻现在成了你死我活的冤家对头。孟兰躲来躲去，忽然想起喊"救命"。刚一喊，秦太"哗啦"一声把炉子踹倒，刺了过去，在孟兰身上连刺17下才停手。

秦太杀了孟兰，想自杀，下不了手。又一想还得跑，好死不如赖活着，活一天算一天，什么时候被抓着了，判死刑，挨颗枪子儿死也痛快。他换了新衣服，找出家里所有的钱和一些可以带的贵重物品，锁上门，连夜潜逃。

想外财，盼外财，原来外财伴随灾祸来。潜逃中的秦太这时才明白，要是不想外财，老老实实种地、卖菜，靠双手劳动该多好。一切都晚了，世上没有卖后悔药的。

秦太在黑夜中漫无目的地走着。往哪儿逃呢？上亲戚家？不行，公安人员很快就会找去。他决定到鞍山市的王延有家，王延有是他的好朋友。他俩多年不见，一见面应该是亲热、话多。可是，秦太神态反常，王延有见他无事突然闯来，就问："你怎么啦？"

"没怎么，在家跟媳妇打起来了，在你这儿住几天消消气。"

王延有说："住多少日子都行，但咱弟妹自己在家怎么行？过一两天我领你回去，给调解调解，日子过得好好的，打什么架！"

过了两天，王延有要去给调解，秦太就不让。过了四五天，王延有妻子从街上贴的通缉令上得知，原来秦太杀人了，是潜逃到这里的。她把这个情况告诉给王延有，说："你得撵他走，要不，咱就要受牵连。"

秦太无奈，也觉得不能长久住在这儿，决定要走。王延有怕伤了和气，临行前做顿丰盛的饭菜，还给他1000元和一件黄色棉大衣，说："你把这件大衣带上，晚上可以当被褥。"

潜逃中的秦太实在无路可走，最后自首。法院开庭那天，在法庭上，秦太竟然没把杀人当回事，却对偷驴很后悔。他说："我偷驴犯罪后再就不是好人了。我心想反正是个罪犯，杀了孟兰也是罪犯。我后悔的是不该去偷驴，老老实实种菜，靠力气致富就好了。一想外财，就走邪道儿了。一步踩偏，再也不能自拔。"

法院审理秦太的案件时，把王延有作为同案犯一起审判，就是因为他拿钱拿物资助秦太潜逃，犯了窝藏罪。

人生万里路，走好每一步。
一步离正道，就会毁前途。

女骗男抢

在沈阳打工的中年妇女艾华是吉林省四平市人,她离婚后,把一个13岁的女儿推给丈夫,一人到沈阳投亲,在这里打工挣钱维持生活。

刚来时,她先是在劳务市场找活儿,后来又卖菜,总觉得起早贪黑很辛苦,后来在卖菜时认识了一个名叫徐兴胜的单身汉,开始时两人在一起鬼混,后来艾华就搬到他家,两人没登记、没结婚就公开以夫妻名义一起生活。

他俩都没有工作,又贪图享乐,整天净琢磨邪道儿,想来想去就想到了卖淫可以赚钱。有时艾华自己出去招人,有时由徐兴胜往家领,越干胆儿越大,后来竟开始"女骗男抢"。

一天下午,艾华浓妆艳抹地来到沈阳北站寻找"猎物"。她在出站口踱来踱去,专门瞄准那些左顾右盼的男人。这时有个机关干部模样的中年男子拎个手提包在出站口晃来晃去。他是鞍山市一家私营企业的销售科长,姓张。他不进站上车,也不离开这里,在出站口转转悠悠,东张西望。原来,他到沈阳与一家工厂谈妥了一笔生意,为了订货,需要向对方交3万元订金,他没带钱没带卡,就打电话让吴经理过来签合同并给送钱。此时他是来接吴经理的。

艾华判断，他有可能"上钩"，就上前搭话："同志，住宿吗？""不住。""去休息一会儿吧，我家旅店是我自己开的，条件好，既清静又干净，保安全，我丈夫外出不在家。"

张科长听明白了，问："多少钱？"艾华说："80元。"张科长明知故问："个体旅社怎么这么贵？"艾华笑眯眯地说："条件可好了，你去睡睡就知道了。"

此时的张科长想去占便宜。他认为：她丈夫既然不在家，只她一人，进屋办完事开门就走，给什么钱！不抢她的她就是幸运，不给她钱，难道她还敢跟我打官司？

于是，张科长也不接吴经理了，跟艾华来到站前广场，上了公共汽车，艾华把他领到家。

艾华住的是楼房，在四楼。艾华进楼时，看见墙角的徐兴胜，两人迅速递了眼色。张科长不知这里还有名堂，更不认得在楼房附近这些来来往往的人中，竟有艾华的"丈夫"。

艾华进屋后，从里边把暗锁锁上，略坐一会儿就让张科长脱衣服，她去关了小气窗。楼下的徐兴胜一看小气窗关上了，知道屋里给了信号，立即上楼，用钥匙打开门，冲着脱了衣服裤子的张科长就喊上了："你是哪的？"艾华假装慌张，指着徐兴胜对张科长说："他是我丈夫。"

徐兴胜从厨房拿把菜刀，指着张科长问："你看怎么办，是私了还是报官？"吓得面如土色的张科长说："咱私了吧。张扬出去对你们也不好。"

徐兴胜瞪他一眼，说："对我们有什么不好！你闯到我家，我到公安局告你强奸我媳妇，非让你蹲几年监狱不可！"

边说边向沙发走去,拿起张科长脱下的衣服和一个皮包,把兜全翻遍了,掏出身份证、住宿证、一些票据等,还有500多元钱。他对张科长说:"把住宿证给你,其余的都留下,回去再准备2000元,明天这个时间到沈阳市第七医院门前交钱,这些证件和材料都还给你。要不,咱到公安局见面!"

张科长没接到吴经理,耽误了正事,又惹上了烦事。上哪儿弄钱去呢?他突然觉得不对劲,是中了圈套!他们敲诈勒索,这也是法律不允许的。想到了法律,他眼睛一亮,立刻到公安机关承认错误,同时报案,要求公安机关立案处理。

到了约定时间,张科长去"交钱",前来取钱的徐兴胜被埋伏的公安人员抓获。随后,张科长又领公安人员来到徐兴胜家,把艾华抓来。检察机关认为,这对假夫妻的行为构成敲诈勒索罪,批准将他们逮捕。而这位张科长,虽然是个被害人,但他嫖娼也应该依法惩处,考虑到他能到公安机关报案,并协助公安机关抓获这对假夫妻,予以从轻处理。

这个世界很复杂,出门在外莫采花。
小心遭遇"仙人跳",纠缠不清扯乱麻。

合伙经营

辽宁省黑山县大虎山镇沈家村一个农民，发现在村边立交桥排水井里有一具尸体。这具尸体是用麻袋包裹着倒放在井里的，两只脚还裸露在外。这个农民见状惊恐不已，赶紧跑到大虎山镇公安派出所报案。公安机关接到报案后立即组织刑侦人员赶赴现场。

尸体被打捞上来，经过检验和现场勘查，尸体为男性，年龄在20至30岁之间，头顶骨被打碎，死亡时间在三天以前。公安人员从死者衣服兜里搜出一张从古冶到锦州的火车票。经过检验分析确认，这是一起谋杀案，发现尸体的地点不是作案现场，作案现场应该在这附近。

为了尽快破案，必须找到尸源。这个死者是谁？家住哪里？必须首先了解清楚。从死者的体貌特征和衣着打扮以及从他身上找到的那张火车票，公安人员认为，这个人可能是外地到锦州来的。于是查遍了锦州市大大小小的许多旅店住宿登记，没有查到有效线索。公安人员又到发现尸体附近的村镇进行查找走访，同时下发和张贴了协查通报，发动社会力量查找死者身份。

这时，有个自称是从河北省来的名叫刘建成的人主动来到公安机关，他说，他是来找他女婿朱进的，看到公安机关下发的协查通报，怀疑是自己的女婿朱进被害。这一线索为公安机关寻找尸源带来了希望。

公安人员向他出示了死者的照片。刘建成认出，死者正是他要找的女婿朱进。刘建成告诉公安人员，朱进是做饲料生意的，这次到辽宁就是要落脚到大虎山镇，到附近的海丰养殖场做饲料生意，主要是索要货款，签订下一次的供货合同。根据这个线索，公安人员来到海丰养殖场，该场的场长介绍说，朱进向他们养殖场卖饲料，饲料款是54000元，在5月27日朱进已经把这笔钱取走，至于他到哪去了不清楚。

公安人员在海丰养殖场又进行了进一步调查了解。养殖场的人员说："朱进来取饲料款，是跟钱春发一起来的，这个钱春发就是附近的农民。"公安人员又找到钱春发进行询问，钱春发说："朱进是外地人，在当地没有住处。他取款后当天没走，而是住在他朋友姜宝刚家。"公安人员经过分析，认为姜宝刚作案的可能性极大。经查，姜宝刚已经失踪多日，公安人员开始四处寻找，并且在其家附近埋伏，蹲点守候。

一天深夜，守候在姜宝刚家附近的公安人员发现一个女人的身影闪进姜宝刚家。第二天早晨，姜宝刚的妻子还没起床，就被一阵急促的敲门声唤醒。她打开门一看，惊呆了，是两名公安人员站在门口。她被带到县公安局，经过政策攻心，她痛哭流涕地交代了丈夫姜宝刚杀人劫财的全部经过。

原来，姜宝刚是附近的农民，他很羡慕有钱人，决定弃农经商，要开办公司搞经营，就到大虎山镇租了两间房子住下来，寻机做生意挣钱。

就在这时朱进到大虎山镇推销饲料，在一家饭店里吃饭遇见了素不相识的姜宝刚。在一般情况下，人是不跟陌生人闲唠的，但朱进为了要在这个地方推销饲料，找到买家，就跟在同桌吃饭的姜宝刚搭话，问他这附近哪有养猪场、养鸡场等需要饲料的地方。两个人在谈话中，互相有了一点肤浅了解。姜宝刚知道朱进是做饲料生意的，一边买饲料，一边卖饲料，从中挣差价；而朱进也知道姜宝刚正在找项目，想经商挣钱，两个人一拍即合。朱进正想在大虎山地区找个落脚之处，而姜宝刚想经商挣钱，没有经验，没有路子，不知道经商的道路怎么走，就在这时两人相遇，意趣相投，当下就决定要合伙经营，共同做饲料生意。两个非亲非友、互不相识、互不了解的陌生人成了好朋友和合伙经营的伙伴。他俩约定，朱进负责组织货源，姜宝刚给联系销路，盈利平分。

5月27日，朱进从海丰养殖场取来卖饲料的钱款，当天没走，住在姜宝刚家。朋友来了，又要合伙经营，姜宝刚当然热情招待。在吃晚饭时，朱进为了显示自己经营饲料能挣钱，就把自己这一次卖给海丰养殖场一批饲料挣了不少钱的事跟姜宝刚说了。

姜宝刚说："现在卖货容易收款难。"朱进说："货款已经拿到手了。"说着，还拍了拍自己随身带的那个小皮兜。姜宝刚看他的小皮兜鼓鼓囊囊，垂涎欲滴，顿起贪财恶念。

他俩从晚上6点钟开始饮酒，边饮边唠，一直饮到11点半。姜宝刚表面上是热情招待，频频劝酒，实际上暗藏鬼胎，心怀叵测。朱进哪里知道自己带了这么多钱会有危险，毫无提防，认为是到了朋友家就跟到自己家一样，开怀畅饮，大吃大嚼，无拘无束。朱进的舌头硬了，说话吐字不清。姜宝刚看他喝得醉醺醺的样子就推开房门，看看四周杳无人影，就进屋插上门，拿起一根木棒来到朱进身后，趁其不备，照他头部猛砸，一连数下，将其打死，翻出他54000元的钱款，随后连夜把尸体装进麻袋，用自行车驮到西边立交桥那儿，扔进排水井里，回家打扫屋内血迹后，跟妻子一起到岳父家躲藏。

过了些日子，姜宝刚让妻子回到大虎山镇探探风声，没想到，刚到家附近就被守候在那里的公安人员发现。

公安机关知道了这些情况后，又迅速取得了一些证据，随后驱车将躲藏在岳父家的姜宝刚抓获归案。

萍水相逢陌生人，轻易露财不谨慎。
杀人劫掠终归案，法律制裁平民愤。

钱没到手

辽宁省普兰店市徐大屯镇有个农民叫张家富,不少人背地里叫他"假日本"。这个绰号有点儿来头。

1942年,"假日本"出生在日本鹿儿岛,父母都是日本人,他当然也是日本人,取名叫"山口和则"。他一直是日本国籍,可谓地地道道的日本人。可是,戏剧性的人生使他与一般人有着不同的生活经历。

他出生时,父亲是日本陆军的一名士兵,在中国旅顺口侵华日军部队里服役。第二年,他和母亲被父亲接到中国。天有不测风云,人有旦夕祸福。两个月后,他父亲乘船在海上遇难,当时山口和则不到2岁,母亲山口八童子才21岁。母子俩回日本吧,没有路费;留在中国吧,举目无亲,无依无靠,不要说住处,连饭也吃不上。被生活所迫,山口八童子改嫁给中国的穷汉张汉忠为妻。她领着不到2岁的儿子山口和则从此在普兰店市徐大屯镇住了下来,但他们一直没有办理变更国籍的手续,成为久居中国的日侨。山口和则随继父张汉忠的姓,取名叫张家富。他虽然一直保留日本国籍,却不会讲日本话,跟日本人打交道得靠翻译。你看,叫他"假日本"还冤枉他吗?

"假日本"在中国逐渐长大,随后娶妻生子。他听母亲说,在日本,他有叔叔、姑姑、舅舅等许多亲属。1979年,他和母亲准备回趟日本。亲属、朋友、邻居知道了,有主动借给他们路费的,也有送东西的,"假日本"兜里揣满了钱。到了日本,叔叔山口辰雄和其他一些亲属、朋友,知道他们在中国农村生活不富裕,就赠送些钱财礼物。"假日本"得到中日双方亲友的资助,一趟日本之行,自己不但没花钱,还略有剩余。随后,他和母亲又先后两次回日本,然而,亲友的资助是有限的,最后一次是在1986年,回中国后他竟欠下了几千元债务。

"假日本"是个庄稼人,用不着伪装,给人的印象就是忠厚老实,谁也不会把"诈骗"两个字跟他联系到一起。借给他钱的人,怕他一时还不上着急,见了面,总是先开口说:"啥时有啥时还,没有就先放着,不会跟你要利息。"

当初的"假日本"还是个老实人,人家虽然这么说,但他着急,心想总欠账也不好,不能把人家的礼让当成应当的。怎么办?靠种庄稼打粮卖钱,这得哪年哪月才能还清?想来想去,自己一没手艺,二没力气,就在家开了一个小食杂店。他的周转资金少,进货时不得不经常赊账。在大连至庄河之间,有个名叫皮口的小镇。镇上有家联合购销批发部,经理是刘成。"假日本"常到这里进货,赊多少好商量,甚至赊多长时间刘成也不计较。一来二去,他们混熟了。在交往中,刘成知道"假日本"的身世和家庭状况,他们成了好朋友,最后,竟结拜成把兄弟。刘成比他大两岁,成了哥哥,"假日本"是弟弟,彼此称兄道弟,走动频繁。

"假日本"有个哥哥自然高兴;而刘成呢,确信多个朋友多条路,在生活中,说不定谁就会用到谁,拜个把兄弟,多个帮手,有利无害。刘成闷了,就到"假日本"家去散心,高兴了就喝上几盅。"假日本"经济上紧张了,也找刘成。两人你帮我、我帮你,确实有点儿哥们儿的意思。

"假日本"日子过得不错,就是最后那次去日本欠下几千元外债还不上,总是吃不好,睡不安。他开的小食杂店地处偏僻,又挣不到多少钱,愁得他整天抬不起头。母亲安慰他说:"还这笔钱也容易,你父亲是服兵役死在军舰上的,如果往日本写信要钱,说不定会得到一笔抚恤金。"

"对!对!""假日本"如梦初醒。日本国富裕,给的还不会少。从这天起他总在猜测:这笔抚恤金能给多少?怎么个给法?能不能按父亲的工资,逐月逐年地累计?或者是按他和母亲的实际生活费用,给50年的生活费,也许比这还要多。"假日本"急不可待,马上往日本鹿儿岛民政部门写信,索要这笔抚恤金。

俗话说,"粮没进仓不算收,钱没到手不算有"。"假日本"有了这笔尚未见到踪影的抚恤金做指望,开始花钱如流水。对欠下的外债,他拆东墙补西墙,旧债还清了,新的债主又一个个出现,而且,越来越多。在亲属、朋友、邻居和与他熟悉的20多人中,他今天跟张三借还给李四,明天又跟王五借还给张三。不管跟谁借,他都亲笔写下借条。有了借条,他每次借钱都很顺利。被他借得最多的要数他的把兄弟刘成。刘成辛辛苦苦攒了大半辈子的钱全被他借去了。后来,

"假日本"又跟他借钱，这回是借2万。刘成问："怎么借这么多？"他说："我叔叔从日本给我来电报了，他给我运来一批货，有彩电、收音机，还有摩托车，货已经到天津港了，现在急需2万元交关税，不上税不让卸船，晚卸一天还要罚不少钱呢！你看，这是电报，这是日本国驻华大使馆的文件。这2万元，20天之内肯定还给你。""假日本"说着，把伪造的电报和文件从兜里掏出来，让刘成看。刘成因为已经有一些钱款被他借去没还，这回慎重起来。他仔细看了看电报和文件，也没看出个子午卯酉。他是农民，压根儿就没见过日本驻华大使馆的印章是什么样，也辨不出真伪。但他心里在合计：我再借给你钱，你还不上怎么办？想到这儿，就顺口说了句："你要是真用钱，我帮你借，但可别骗我。"

"假日本"对这个"骗"字敏感起来，瞪大了眼，说："你，你这叫什么话！全国这么多人我骗谁也不能骗你呀！咱俩也不是一天两天的兄弟了。我敢起誓：上有天，下有地，中间有良心。我若骗你，让我随灯灭，随日落，不得好死。"

"假日本"表演得很像，专挑带劲儿的词用。他还说："我有老婆孩子，有房屋，有家产，我若骗你，我还能跑了吗？再说，我给你打借条。"刘成被他这一说，迷糊了，忙说："我就随便这么说一句，你别来真格的。你先坐一会儿，我到我侄儿那去给你借。"

刘成的侄儿在他家房后住，叫刘福全，44岁，是个石匠。刘福全22岁结婚，婚后一年四季天天领媳妇上山打石头。他把打下的大石块垒成垛，按米数出卖；剩下的小石块儿，让妻子砸成石子，卖给修路的。夫妻俩苦干一年，除了全家四口人花销外，可以余下2000元。刘福全把这些钱存到银行。夫妻俩风里来雨里去干了20年，银行的存款达到18000元。他叔叔来借，他把存折拿出来说："就这些，这可是我和你侄媳妇20年的血汗钱，这钱……""你放心。""我不是对你不放心，你不是为别人借钱吗？""没事。他要不还，我还你！"

"假日本"通过刘成把这18000元借去后，拿出一部分还给几个索要欠款的人，揣着剩下的就到大连一家宾馆，住包间，吃西餐，由小姐陪酒，花天酒地享受一番，花光了就再去借。他总觉得，人生几十年，转眼就过去了，不享受枉活一生。他敢如此挥霍有两个依靠：一是他父亲的死亡可以得到一笔数目可观的抚恤金；二是他爷爷在日本有遗产，由他父亲继承的这份儿应该归他。他认为有这两笔钱做依靠，不管花出多大窟窿，都能堵上。

个体户史立本有钱，至少有20万元，"假日本"本来应该先跟他借，只是与史立本的关系不近乎，才把亲近的人都借遍了之后，这才找到他。"假日本"说："我在日本有家产，有座山和田园，总价值可达4800万元人民币。最近，我叔叔要把这些给卖了，卖完把钱给我送来。咱俩能不能用这笔钱在大连办个企业，你当总经理？你挣钱是内行，我没有你那两下子。"

"我才有几十万元，咱俩办公司那账怎么算？"

"还能亏待你啊！要不这样，你把钱先投过来，我按月息3分给你利息，赔了算我的。你当总经理，算我雇的，每月给你一份高工资。"

见便宜就上的史立本听说有高工资、高利息，马上答应说:"那也行。"

"现在就得马上着手张罗,目前急用10万元,得在大连先买一处房子,等我叔叔一到,咱就干。今天先从你这拿10万元,利息从今天开始算。"

"假日本"见史立本有些疑虑,就掏出伪造的电报和日本国驻华大使馆的文件,说:"你看,这是我叔叔来的电报,还有日本国驻华大使馆出的手续。"史立本看了看,上面确实有日本国驻华大使馆的印章,至于这个印章是真是假他根本不会辨认。他说:"你立个字据我先借给你10万元。"

就这样,"假日本"越借数额越大,欠下的外债也就越来越多。在这期间,他家盖起一排新房,豪华装修;在院子里打了井;家里添上了摩托车和金银首饰等贵重物品;现代化的家用电器也应有尽有。

由于他欠外债太多,知道纸里包不住火,就加紧向日本鹿儿岛民政部门催要抚恤金,并开始向他叔叔表示,要顶替父亲继承爷爷留下的遗产。他充满信心,这两笔钱都能得到。他确信,自己这一生,命里注定是个亿万富翁,目前的穷苦是暂时的。

"假日本"盼星星,盼月亮,终于把他叔叔的信盼来了。信中说:你爷爷确实有些家产,但他晚年体弱多病,早已用尽,没有可继承的了。

"假日本"又把希望寄托到那份抚恤金上。日本鹿儿岛民政部门的回信更令他失望。信的原文是这样写的,一字不差:"你在多次来信中陈述有关你父亲山口义则的死亡问题,经查,'奉天丸'号船当时是存在的。昭和十九年十月十八日，该船于菲律宾国的克米银岛沉没了，但在遇难船员名单上没有'山口义则'这个人。另据查证，在'山口义则'的户籍上，清楚地写明'他于昭和十九年十一月二十七日下午3点钟，在关东州旅顺管内海道死亡'。他的履历书证明，昭和十八年十一月十五日，他已经被免去了陆军军籍，他死亡时，已经不属于军人了。"

"假日本"傻眼了。他在长达六七年的时间里，编造各种谎言，使用欺骗手段，先后从40多人手中"借"去许多钱，最后有62万元无法偿还。他被捕后，公安人员到他家搜查，拍卖了他的房屋和许多家产，连同翻出来的和他妻子交出的现金共计10万元。用这笔钱还给一部分被骗者后，还有52万元还不上。

"假日本"行骗七年多，被骗得最惨的要数他的把兄弟刘成。刘成有个77岁的老父亲，从20世纪50年代就攒钱防老，一分一角地凑，一生攒下的钱全被"假日本"骗去挥霍了。这位古稀老翁知道钱要不回来，一气之下，拒食忌医，没几天工夫就咽了气。

刘成是"假日本"结拜的把兄弟，"假日本"除了跟他借钱以外，还让他替自己向十几个人借钱。"假日本"这一进去，刘成倒霉了，隔三差五总有登门要债的。说好听的是："'假日本'还不了你还！咱是借给你的，是你从我们手中把钱拿去的。"说难听的可就多了，有骂娘的，有要动手拿东西的，还有要把刘成家的肥猪赶走、粮食拉走的。刘成的侄儿刘福全一来就哭，说是老婆要上吊、要离婚，日子没法过了。

刘成说:"'假日本'心太黑了,把我骗得没法活了。他把我们的钱骗到手就吃喝玩乐,快活一番,末了到监狱里一待,不愁吃不愁住,也没人去找他要债。我比他遭罪多了,都来跟我要,我没处躲没处藏,你们法院把我也抓去得了,我实在受不了啦,到监狱里躲一躲。"

在二审期间,在看守所我提审"假日本",问他:"好好的日子你不过,怎么想起了骗钱呢?"

他说:"我以为父亲的抚恤金能拿到,爷爷的遗产也能继承到,到手的钱谁能想到还会有变化?活该我要坐牢。"

"怎能说是到手的钱呢?日本政府答应过给你抚恤金了吗?你爷爷有遗产可以继承吗?"

"假日本"低头不语,过了好长一段时间,抬起头说:"我不是人了。"

他哭了。他问我:"法官先生,你到过我家吗?我妈怎样了?"他见我没回答,又低头自语说:"我活这么大年纪,从来没离开过我妈,这一回,她算完了。"说着,他用手指抹了一下脸上的泪,然后把双手夹到两腿中间。

他家我没去过,但听刘成讲,他妈73岁,身患疾病,听说他犯诈骗罪被抓进去了,病情加重,没过几天就死了。

粮没进仓不算收,钱没到手不算有。
超前消费要谨慎,欠债不还误他人。

遗产之争

在辽宁省朝阳市郊区住着一户姓郭的人家。郭老汉和老伴儿相依为命。他们的女儿嫁给邻村,是村里的妇联主任,而更使这老两口自豪的是他们的儿子郭忠富,是大连一所大学的老师。朝阳那地方,很看重大学生,谁家有个大学生,比有个当官的都荣耀。因为当官,有可能当个被人唾骂的贪官,而大学生那是凭学习成绩考上的。郭老汉的儿子不仅念了大学,还是大学里的老师,是教大学生的,比大学生还大学生,你说他能不自豪吗?

那年春节,才刚过小年儿腊月二十三,郭老汉的儿子、儿媳还有8岁的孙子便从大连回到朝阳,要跟两位老人一起过春节。别看这三口人空手回来,什么也没拿,可自从他们一进门,两位老人乐得屁股不沾炕,一会儿问问冷不冷,一会儿问问饿不饿。老两口领孙子看了院子里的鸡,又去看圈里的羊,不知怎样招待这三个人才好。

郭老汉的儿子郭忠富40多岁,在大连一所大学任教。在任教期间,被学校公派到美国留学四年,回大连后,一直在学校里从事教学与科研活动。在工作之余,他为一家公司搞代理，这家公司按盈利比例，给他奖金。有知识、有技能的人挣钱，要比靠出体力、靠流汗挣得快、挣得多。人们光知道他挣了不少，但谁也说不清准数。

郭老汉特别喜欢孙子，就连孙子上厕所，他都要站在外边，等孙子便完，想再领孙子四处走走。可是，这个胖孙子便完，提着裤子就往屋里跑，还不停地叫："太冷，冻腚。"郭老汉见孙子幼稚好笑，就逗他说："你再拉屎就在屋里拉，我用盆子给你接。"他孙子问："冬天下大雪，你们都在外边大便不冻屁股吗？"他奶奶听了，没回答，反问一句："你们在大连，拉屎撒尿都不在外边吗？"孙子说："我们家厕所在屋里，就在厨房旁边。"老太太说："都说城里人干净，还把厕所放在屋里，能没有味吗？夏天招不招苍蝇？"

这话被儿子、儿媳听到了。儿子说："以后你跟我爸到我们那住几天。"儿媳妇呢，不说话，只是用手背挡着咧开的嘴在不停地笑。老太太知道语失，一阵脸红，对儿子、孙子还好说，儿媳妇终归是外姓人，说人家把厕所放在屋里不干净，这话确实不太好。

第二天，儿子要领媳妇、孩子到城里买年货。老头、老太太就不让，说家里什么都不缺。郭忠富说："我们到街里逛一逛。家有小孩儿过年，总得买点鞭炮。我们原本想从大连买，但火车上不让带。"老太太听说是给孙子买鞭炮，当然同意，就开始给找绳儿、找兜，说："不带个兜，买回的东西用什么装？怎么拿？"老太太张罗了半天，这三个人什么也没拿，空手进城了。

下午3点多钟，一辆红色出租车开进郭老汉家的院子，是他的儿子、儿媳、孙子采购年货回来了。郭忠富先下车，然后站在车旁，倒背双手，指挥出租车司机帮助往屋里搬东西。大米、白面、猪肉、水果、饮料、白酒，还有一个大彩电，至于其他细小东西，则不在话下。

看到儿子买这么多东西，细算一下，得花不少钱，郭老汉开始担心：你这样往家大手大脚地买，你媳妇能愿意吗？郭老汉开始对儿媳妇察言观色。儿媳妇一直乐呵呵，还说郭忠富："他往家多花点钱，心里就好受，钱花少了，这个年也过不好。"

看来，儿媳妇是没意见了，儿子哪来的这么多钱？儿子看出了爸爸的担心，在吃晚饭的时候告诉爸爸："这几年我挣了几个钱，你跟我妈就是天天坐在家里吃饺子，你俩这一辈子也花不完。"说着又掏出一捆递给爸爸说："这一捆是1万，给你俩零花用。"郭老汉只是在银行里看过这样成捆的钱，如今，他也有一捆属于自己的了。父子情不是建立在金钱关系上的，但有了这些钱和物，郭老汉感到，还是自己的儿子最亲。儿媳妇对儿子这些举动没有任何不满的表示，这一切很明显，都是他俩事先商量好的。试女人，用金钱。拿出这些钱给老人而不心疼，这样的好儿媳天上难找，地上难寻，百里挑一。老两口不是见钱眼开，而是通过这件事，看出儿子和儿媳妇是最值得信赖和依靠的。

老两口儿都知道，儿子不是吹牛、放空炮的人。他们的儿子说挣了不少钱，两人目瞪口呆，不知儿子说这话是什么目的，也不知该如何对答。儿媳妇在旁边听了，说："你儿子确实挣点儿，咱手里有几个，家里啥时候用钱，来个电话，我们就给你们邮,要多少都行。"老两口心里合计,儿媳妇能说出这样的话,少说手里也会有3万5万的。但同时两位老人又担心,有钱了,这些是不是好道儿来的?

儿子不傻,看出父母的担心,就解释说:"我没当官,没拿赃钱,我的钱全是凭知识、凭技术挣的,都按照规定上了税。"也许是因为"有钱不露白"吧,对于具体挣了多少,郭忠富没讲,父母也没问。但郭老汉从这天起知道儿子这几年有钱了。

郭老汉把新彩电安装好,把原来旧的淘汰了,给女儿家送去。他告诉女儿说:"你哥哥已经买了不少猪肉,过年别再往这边送肉了。"这一年,郭老汉过得特别高兴,儿子、儿媳、孙子,他们一家三口在这里一直闹腾了十多天才走。一家人和和美美,谁也没想到,这一别,竟是郭忠富与这个家的永别。而且还没到一年的时间,郭老汉竟与儿媳妇在法庭上,两人为钱财打起了官司。

亲属反目为仇,真是令人痛心。为的是什么呢?原来,郭忠富是个刻苦用功、钻研业务的人。他除了承担学校里的教学和科研任务外,还在大连一家大公司里承担着帮助搞科研和技术革新的任务。多年积劳成疾,他患了肝癌。据医生说,人过于劳累,身体的新陈代谢机能、免疫机能、生理自我调节机能等都会紊乱而不能正常发挥作用。人在这个时候最容易患病。肝癌的早期不疼不痒,没有任何症状,到了后期,虽然有感觉,但郭忠富忙于业务,也没在意,到了坚持不住,不得不去医院检查时,一发现是肝癌,已经是晚期,没法治了。不到3个月,郭忠富便永远地离开了他的妻子、儿子和父母，一人孤单单地到另一个世界去了。

郭忠富的病重、病危、去世，原先是不准备告诉他父母的，怕两位年迈的老人经受不了这样残酷的打击。最后大家认为，可以暂时瞒一下老太太，让郭老汉能最后见上儿子一面。处理完丧事，郭老汉的儿媳包了一大包钱，总计10万元，交给老汉养老。郭忠富所在的学校还派人一直把郭老汉护送到家。郭老汉从来没见过这么多钱，10万元，真是够老头、老太太两人在朝阳生活到老的。郭老汉从内心里感谢儿媳妇，儿子已经不在了，她还能拿出这么多钱，真是不容易！

任何事情都是这样：瞒得了今天，瞒不了明天。过了两三个月，郭老汉听别人说，他儿子死后，留下了百万家产。光在大连的高档房子就有两处，每处都值80万元以上。另外，银行还有大量存款。郭老汉想起儿子在春节期间说的话，即使他的父母"天天在家包饺子吃，这些钱也花不完"。郭老汉想，儿子没了，儿媳妇还不到40岁，她一改嫁，儿子挣的这些家产，包括房屋，统统都会变成别人的。死了儿子，不能再失去财产。郭老汉乘火车来到大连，找到儿媳妇，要求再给他一些遗产。儿媳妇不同意，并且向他讲出三条理由：

第一，已经给你10万元了，够老两口生活和养老了。

第二，你孙子将来读书、上大学甚至是出国留学、结婚安家都需要钱，都是给你孙子留的。

第三，你儿子大学毕业后，到大连工作时，两手空空，当时只有一个装衣服的柳条包。只是在结婚以后，家产才越来越多。你儿子挣的钱，不都是你儿子个人的，没有我，他挣不了那么多钱。郭老汉被耐心安慰、热情招待了之后，一时也想不出什么办法，不知怎样与这儿媳妇交涉，便回到了朝阳。

回来后，郭老汉比较注意研究遗产继承问题。多年的普法使人们对国家法律有所了解。郭老汉很快就知道了国家法律对遗产继承问题的规定。他了解到：儿子留下了百万遗产，他和老伴儿与儿媳妇都有平等的继承权。儿媳妇有工作、有收入，而他和老伴儿年老体弱，已经没有经济收入，在继承遗产时，还会比儿媳妇多得一些。百万家产，这不是个小数字。等儿媳妇一改嫁，再去要就麻烦了。郭老汉又一次去大连，跟儿媳妇讲道理，要遗产。他针对儿媳妇以前讲的那三点理由，一条一条地跟儿媳妇谈：

第一，我来要财产，不是要你的财产，而是要我应当继承的财产。儿媳妇已经给我10万元不假，这些钱也确实够我们两位老人花的了，但继承多少遗产，不能以够花不够花为依据。我要求继承遗产，不是因为穷不起了，生活不下去了而来要饭、来乞讨。继承儿子的遗产是我的权利。

第二，孙子将来读书、结婚，确实需要钱，但我孙子姓郭，是咱老郭家的后代，跟你并不是一个姓，你将来改嫁，我孙子还有可能跟我在一起生活。他将来读书、结婚，我们可以负担。

第三，我儿子刚到大连工作时，两手空空，全部财产只有一个装衣服的柳条包这不假，但他后来出国留学，学了知识，又靠知识挣了钱，这也是事实。我儿子挣的钱，不能由你独吞，当父母的应当得到应得的份额，不能不管遗产有多少，只给 10 万元就把我们打发了。

他对儿媳妇说："你是有文化的人，比我们农民懂得多，你只能得到你可以继承的部分，不能把我们应当继承的财产给贪了。"

事情就是这样，站在不同角度有不同的看法。郭老汉越说声越高，好像在吵架；儿媳妇越听眼越亮，两眼像是喷火星。两个人就这么一个说，一个听，终于他的儿媳妇不耐烦了，先是哭喊着说："你以为我领孩子生活那么容易吗？你这不是逼我去死吗？"说着又声嘶力竭地告诉这位老人："我就不给你！愿上哪儿告就上哪儿告！"

8 岁的孙子见爷爷和妈妈吵起来，吓得躲到另一个房子里默不作声。

在郭老汉眼里，女人的脸说变就变。刚才还是夏天的太阳，火辣辣地热，转眼之间就会变得像冬天的西北风，冷飕飕地凉，真是让人无法提防。郭老汉开始心平气和地跟她说："你能不能告诉我句实话，我儿子死了，他留下多少钱？"

"没留！没留！一分钱没留！"儿媳妇一连说了好几个"没留"，然后又哭。

郭老汉一分钱没要回来，倒是儿媳妇提醒了他，愿意上哪儿告就上哪儿去告。摆在郭老汉面前只有两条道可走：一是窝窝囊囊地别再吱声，另一条是上法院告状。

上战场之前先学枪，要打官司先学法。郭老汉开始学习法律知识。经过一段学习，他终于写出一纸诉状，到大连把儿媳妇告上了法庭。

在法庭上，昔日在郭老汉眼里"天下第一好"的儿媳妇满脸怒气地坐在对面的被告席上，一个文质彬彬的文化人，竟然会蛮不讲理；在儿媳妇眼里，憨厚朴实的老农，怒目圆睁地坐在原告席上，竟然也会打官司。两人毫不相让，唇枪舌剑地干起来。郭老汉指出，他儿子遗留的财产，不仅有两处价值80万元以上的房子，而且还有大量存款。他儿媳妇反问："你说有大量存款，有证据吗？"郭老汉被问得张口结舌还不认输，要求法庭延期审理，他说一定会拿出证据。就这样，法院先后开了两次庭，郭老汉不断地提出新证据。最后，人民法院做出了判决，判决结果是郭老汉和他老伴儿两个人各继承遗产28万元，总计56万元，看来官司是打赢了。但郭老汉接到判决书时，气得浑身发抖，立即表示坚决上诉。

上诉理由有两点：一是法院不应该挑拨他和孙子的关系。原告原来只是他一个，可是，判决书上把他老伴儿的名字也加上去了，而且判决书明明白白地写着，他和老伴儿两个人共同继承56万元。郭老汉认为，我和我老伴儿共同生活，儿子是我们两人所生，法院把我们应当继承的遗产判归我，写在我的名下，难道我老伴儿还能再来要一份吗？我得了遗产，难道还能不给我老伴儿享用吗？最使他不能理解的是，他的起诉状上，明明白白写着被告只有他儿媳妇一个，可是，判决书上竟把他孙子也列为被告。他当场就问法官："我什么时候告我孙子了？法院凭什么把我孙子列为被告？这不是挑拨爷爷和孙子的关系吗？"郭老汉的第二条上诉理由是，他应该继承83万元遗产，法院判少了。郭老汉宁可再拿出巨额诉讼费交给法院，也要上诉，坚决跟儿媳妇打二审官司。

官司未了，亲情已尽。离开亲人的郭忠富，怎么也不会想到，他拼命挣下的钱，自己没享受到，反倒使他最亲近的人——父亲、母亲和妻子、儿子，反目成仇。

我在写这篇文章的时候，此案的二审结果尚未做出。郭老汉在大连市中级人民法院打的二审官司是否能打赢，实在说不清。但展现在我们面前的是：昔日儿孙满堂的幸福家庭，为争钱财对簿公堂；往日心目中的完美儿媳，经过世事的检验，成了世上最刁蛮无理之人。

 钱财能使路人成朋友，也能使亲人成仇人。

多条贼路

多个朋友多条路，辽宁省普兰店市的康卫平多个做贼的朋友，这个朋友把他引向做贼的路。

康卫平初中毕业后就在家务农。他有个朋友叫金建雄，是他的邻居。金建雄 26 岁，神通广大，门道多，路子广，口齿伶俐，能说会道，别人办不成的事他都能办成，一年四季没干多少活儿，但很富裕，谁也说不清他的钱是怎么挣的。康卫平对他佩服得五体投地，视他为心目中的英雄。康卫平认为，跟这样的能人交朋友，将来一定有好处，多个朋友多条路，况且这是一个很有能力的朋友。不管白天晚上，康卫平只要一有空，就到他家去谈天说地，跟他形影不离。

6 月中旬的一天晚上，康卫平又去了。金建雄说："这几天我家没菜吃，今晚我领你出去弄点儿。"

"上哪儿弄？"

"到谁家的菜园还不能弄点儿来！"

康卫平是正经人家的孩子，从小所受的家庭教育很严。金建雄说别的，他都听，让他去偷菜，他犹豫起来。金建雄见他不语，就说："没事儿，弄点儿菜吃算个什么事儿！又不是去撬门压锁，不是偷金盗银，你胆儿真小！"

"不是胆儿小，这事儿最好别干。"

金建雄没想到康卫平会拒绝，自感失言，但话已出口，就又劝他："这样吧，你跟我去就行，你在菜园外等我，出事儿了我一人负责，与你无关。"说着，他低头看看表，已是深夜10点半了，就拽康卫平的胳膊说："现在街上不会有人了。走，走！一会儿就回来。"康卫平没好意思拒绝，跟在他身后钻进了夜幕中。

夜，很静。往日里康卫平夜里走路并不害怕，不知怎的，今天他的头发根发痒，总觉得身后有人跟着他们。他怕极了。

"汪！汪！"突然，几声犬吠撕裂了寂静的夜幕，康卫平随之停住了脚步。

金建雄说："快走啊！"康卫平赶忙摇手，意思是不让他出声，也表示自己不去了。很遗憾，夜里很黑，金建雄看不见他摆手，又说："快走！没事儿！"康卫平心想："你吵吵什么？这要让人听见不就完了吗？"

他怕金建雄再催他走，只好又跟在后面。他见金建雄钻进一家菜园，这才站住了。康卫平的心怦怦直跳，脖子上像安了滚珠，东西南北、前后左右乱转，他两眼扫视着四周，心里在祈祷：这个时候，千万别来人。他一等再等，金建雄就是不出来，好不容易见到他的影儿，还慢腾腾的。

"快跑！"

金建雄说："没事儿！跑什么，越跑越容易出声儿。"

康卫平再也不等他了，大步流星地先回到金建雄家。过了一会儿才见金建雄用衣服包了一大包韭菜回来。

韭菜绿油油、水灵灵，鲜味扑鼻。金建雄没独吞，顺手抓两把给他，说："像割自己家的一样，一点儿事没有。你先拿去，吃完咱再去弄。"

金建雄心里坦然，康卫平忐忑不安。康卫平把韭菜拿回家，第二天早晨他妈看见了，问："哪来的？"

"别人给的。"他母亲没想到是偷来的，夸赞说："你真行，善于交际了。"听了这话康卫平一阵得意。

通过偷韭菜这件事儿，康卫平本来应该认出金建雄是个贼，是个不守本分的人，应该远离他，因为与这样的人接近，就会离灾祸不远。然而康卫平该断不断，仍然把他当作好朋友。

过了几天，康卫平在金建雄家闲坐时金建雄问他："把新鲜鱼炖好了，撒点儿韭菜末，那才鲜呢！你吃过没有？"没等康卫平答话，金建雄又说："明天，我领你去要鱼。"

"跟谁要？"

"你别管了，他肯定给。"听说是要，康卫平没推辞。

他们这个村子离海不远，这几天，根据潮汐的变化，每天夜里渔船靠岸。船一靠岸，鱼贩子就上船购买鱼虾，然后运到远处贩卖。金建雄对康卫平说："你准备个大塑料袋儿，能装二三十斤的，明早3点钟我领你去要。"

凌晨3点外面仍是一片漆黑。金建雄领康卫平离开家，向村外公路走去。他俩在路边大树旁坐下。3点半左右，开始有鱼贩子三三两两，骑着自行车、摩托车，载两个装有鱼虾的大筐从他俩眼前经过。

过了一会儿，有个只身一人的鱼贩子骑自行车从远处过来。金建雄一看，机会来了，一下子站起来，对康卫平说："快！来了，就跟他要。"说完就站到路中央，堵住骑车人。康卫平不知怎么回事，也跟了上去。

金建雄薅住这个人的自行车后货架，从兜里掏出一把菜刀，对鱼贩子说："把你的鱼给我们分点儿！"

鱼贩子见劫道的是两个人，还拿菜刀，自知不是对手，就说："这好说，你们要多少？"

金建雄怕后边再过来人，就说："把车子推到沟里，我们装一塑料袋儿。"

鱼贩子真听话，乖乖地把自行车推到沟里。金建雄怕他反扑，用菜刀逼他，说："你在旁边蹲着，我们要多少自己装。你要敢动，我就把你杀了。"

鱼贩子吓得哆嗦成一团，连声说："行！行！你们要多少都行，随便。"

鱼贩子蹲在沟里草地上，像只驯服的羊，再老实不过了。康卫平一看这场面，心里明白了：这哪里是要，分明是抢。既然来了，赶紧掏出塑料袋递给金建雄。金建雄说："你打开口，撑着。"金建雄掀开筐盖，筐里装的全是青皮鱼，他便一把一把往塑料袋里装。

鱼贩子的畏惧助长了他俩的气焰。塑料袋装满了，金建雄没马上走，又去掏鱼贩子的钱包、撸鱼贩子的手表，最后还威胁说："你要敢报案，我们后会有期。"说完扬长而去。

金建雄和康卫平把"战利品"带回家，开始分赃。鱼，两人平分；钱包里边有 80 多元钱，全归金建雄；一块上海表，归康卫平。

康卫平问："这个人被抢怎么不反抗？"

"没有敢反抗的。这种不花钱的鱼，我吃过好几回了！"金建雄说着，就把话题说远了，"人间有三百六十行，只要精通一行，那就吃穿不愁。能偷能抢也是一行，学会了，一生享用不了。"真是做贼有做贼的逻辑，这种思想多么可怕！

康卫平问："这是违法犯罪，能行吗？"

金建雄告诉他："男盗女娼也是一行。"接着，他从水泊梁山中的时迁讲到中国古代的十大名妓，滔滔不绝。

康卫平才 17 岁，对这些歪理邪说哪知对错。在他眼里，金建雄是个大能人，他说的话全对。康卫平跟着金建雄，偷菜、抢鱼，贼胆儿一点儿一点儿练大了。他们干了好多回，每回都平平安安、顺顺溜溜，没人发现，也没人敢反抗。康卫平跟着金建雄向犯罪的深渊一步一步快速下滑。

一天，康卫平主动对金建雄说："咱偷这些东西，弄到手就吃了，攒不下。"

金建雄说："钱能攒下，有机会咱去弄钱。"

康卫平没反驳，心里倒觉得美滋滋的。是啊，应该把猎取的目标放在钱上。只有金钱才万能，有了钱，吃喝玩乐样样都行。

辽南人都知道，在大连市辖区内有条碧流河，当时有个宏大工程，叫"引碧工程"，就是把碧流河的水引到大连。当时，康卫平正在引碧工程上班，他知道引碧工程的民工每月 28 日发工资。他和金建雄研究决定：28 日晚，在路上堵截下夜班的民工，抢他们的工资。他俩准备了面具、菜刀、铁棒，选好了埋伏地点，干起了拦路抢钱的勾当。

被抢的也有反抗的。那天晚上，金建雄和康卫平堵截了两个下夜班的民工。金建雄举起菜刀，对他们比比画画地说："要命的，把钱留下！"其中一个民工说："你们胆儿太大了，后边还有不少下夜班的，马上就过来了！"

康卫平说："少废话！我们也有不少人，都在沟里蹲着呢！"这两个民工想骑车子走，金建雄和康卫平一人拽一个，就是不让走。一个民工喊起来："有人抢钱啦！快来人！"金建雄拎起菜刀，照他头上就是一下子，这个人光顾捂脑袋，再没敢出声。

金建雄说："老子这碗饭吃多年了，你们是要钱还是要命？"

康卫平也跟着吓唬说："把他俩杀了得了，别跟他们费口舌！"说着，抢起手中的铁棒，真的向另一个民工头上砸去。这个民工一闪，砸在肩上，"哎哟"了一声。金建雄和康卫平不管三七二十一，动手翻他们的钱。这两个民工每人挨了一下子，没敢再反抗，但凭着月光记下了他俩的身高、体貌、衣着等特征，也记下了他俩说话的口音，被抢后立即返回工地，及时报案。

金、康二人把钱拿回来，一数，是 1610 元。"战利品"空前丰厚，两人欣喜若狂。康卫平拿了一半儿，说："这次不太顺手，太危险了，别再干了。"

"没事儿！他们认识咱俩是谁，如果真的查到咱头上，你别咬我,我也不咬你,谁也别承认。"

其实,金建雄在当地公安派出所早就挂了名。第二天中午,他被抓去了。

康卫平当时是引碧工程的民工,第二天正常上班。头一天夜里发生的事,像一阵风似的,立刻席卷整个工地。大家把它当作新闻,你传给我,我传给你,不到中午,工地里无人不知,无人不晓。这消息当然也传到了康卫平耳朵里,但他心里有数:他做的事,谁也没看见。他面无愧色地跟着大家痛骂那两个夜里行抢的贼。

下午4点多钟,他正在挖土,看见远处有辆三轮摩托向他们这边驶来。康卫平和昨晚发生的事联系起来,他猜:一定是刑侦人员深入工地进行调查。摩托车到了跟前,两个穿警服的人从车上跳下来,来到他跟前,只听"咔嚓"一声,康卫平低头一看,自己的双手被手铐铐上了。两个穿警服的人对他严声厉色,说:"上车!"康卫平明白:完了,全完了。他脸红、心跳,做了什么事他自己知道。他上了摩托车,低下头,羞于见到周围的人投来的目光。

人到了这个时候,回头看看走过的路才容易找出自己的过失。他一步步走上做贼的路,就是因为交了一个贼朋友。

后来他才知道,曾经让他拒不认罪的金建雄,首先被抓获以后,为了争取得到从宽处理,到案后立即检举了他,这才使他被逮捕。

17岁的康卫平在接受法院审判时才明白,若没有金建雄的拉拢和教唆,他不可能走上做贼的路。他说:"别人能上大学,创业成功,奋斗有成绩,我却不能。我发现,这除了我个人努力不够之外,也与接触的人有关。我如果不是遇到金建雄,而是遇到了那些刻苦学习、埋头奋进积极创业的人,我也许不会犯罪。"

 跟着苍蝇进厕所,跟着蜜蜂找花朵。
跟着窃贼学盗窃,跟着乞丐拿饭钵。

受到牵连

辽宁省盖州市人民法院受理一起贷款纠纷案。原告是盖州市一家银行，被告是枣山村的刘成等六位农民和海丰水产养殖联营公司。由于这个公司出具担保，使刘成他们从银行贷款50万元。按约定，到了应该还款的时候刘成等人因为养殖对虾赔钱，无力偿还贷款，作为担保人的海丰水产养殖联营公司必须承担担保责任，有责任替他们偿还贷款。

法官把这三方找到一起，首先进行调解。

在调解中，海丰水产养殖联营公司的总经理王惠说："现在农村有许多农民为了致富进城打工，而枣山村的刘成几个农民为了赚钱，要承包我们公司的养虾池。我们认为，只要正常经营，赚钱毫无疑问。于是我们公司为了支持他们养好虾，为他们贷款担保。由于这几位农民经营不善，该放虾苗时不放，该投饵料时不投，致使对虾长得小，卖不上价，亏损了。由于他们不认真经营，其损失应该由他们自己负责。"

刘成等几个农民听了，感到一肚子委屈，对主持调解的法官说出了他们贷款养虾的经过。这一说，又牵涉出另一案件。

为了讲清贷款养虾这件事，咱不得不先从杨大全说起。

42岁的杨大全，既不是工人，也不是农民，而是干部，是这家银行刘寨信用社兼营业所主任。这个营业所有十几个人，他是头儿。群众说他是"卡级干部"。干部确实分级，有科级、处级等，没听说有卡级。卡级干部是哪一级呢？

当干部的，可能会遇到有人往家里给送烟酒糖茶或者水果，也许还会有送钱的。好干部能拒收钱财礼品，杨大全不是这样，他认为：干部手中的权力就是搂钱耙，不用过期作废。送给他的钱财礼品他全要，不给送就卡。怎么卡呢？就是该办的事不办，非办不可的拖着办，只要有机会就向当事人卡"油"。群众说他是"不浇油，不转轴"，不给好处不办事，给了好处乱办事。

刘成等六位农民联合起来，要承包海丰水产养殖联营公司的1000亩养虾池。海丰水产养殖联营公司为了支持他们，便于他们从银行贷款，为其提供50万元的贷款担保。由于有了担保，刘成他们的贷款申请很快就被县农业银行批准了。为了尽快买虾苗，尽快赚钱，刘成他们按照县农业银行的取款通知，到刘寨信用社兼营业所提款。营业所的主任杨大全说："我们营业所没有那么多钱。"刘成说："县农业银行批准了我们的贷款申请，让我们到这里来取款，怎能没有呢？"

杨大全说："现在都缺钱啊，不但你们养虾的缺，像我们这个小营业所也缺钱，我正在为这事儿发愁呢。咱这个营业所每年都有不少招待费没地方报销，还得买煤取暖，上级来了既得招待，走了还得给买点礼品带走，谁不需要钱啊！"

刘成他们是农民，只知道种地，不知道官场上的潜规则，对杨大全的这番话一点儿不理解，反而感到好笑。认为既然你们缺钱,就贷款呗,难道你们贷款还能比我们难吗?

这次刘成他们没提到钱款,回来了。没有钱,买不了虾苗,养殖对虾的事儿就搁浅了。过了些日子,刘成他们急得火烧眉毛,没有钱,养殖工作什么也干不了,不能买虾苗投放,他们束手无策,就再次去找杨大全提款。

杨大全知道他们养虾急着用钱,又傻乎乎地不明白门道,只好对他们明说:"你们贷款50万,我们没有那么多,你们今天先拿走5万,但我们有困难你们也得帮一下。我们营业所招待客人有4000多元的'白条子',你们给处理一下吧。"说完,从一个大信封里倒出一堆"白条子",推给刘成他们。

刘成他们看到杨大全拿出这堆"白条子",也没办法去核对是真是假,把这些"白条子"算了一下,是4700元,刘成他们只好从拿到手的5万元中数出4700元交给杨大全,把剩下的45300元拿回来用到养虾上。刘成他们认为,尽管损失了4000多元,以后还得从杨大全这个营业所提款,以后就方便了。

过了些日子,刘成他们又去提款,因为他们的贷款是50万,还有45万元没拿到。杨大全对刘成说:"我们这个营业所冬天得买煤取暖,需要买煤,缺少1万元。这回你们可以提款10万元,但得留下1万元。"刘成他们满心不高兴,但实在得罪不起杨大全。

刘成他们想不通,怎么每次提款杨大全都要扣一部分?他们不敢去质问杨大全,只好背地里骂。后来听别人说,杨大全的外号叫"卡级干部",不管是谁,凡是到他那里贷款、取款,都必须按10%给"上炮"。刘成他们实在没办法,尽管已经错过了投放虾苗的最佳时期,但既然承包了养虾池,签订了承包合同,只好硬着头皮干到底。他们为了及时取得贷款,就不断地向杨大全行贿。当这笔 50 万元的贷款全部拿到手的时候,他们先后被索贿总计 45000 元。损失了这么多钱不说,由于所贷钱款不能及时取出,影响了及时购买虾苗和饵料,严重影响了养虾进度,这才使养虾亏损,无力还贷。

行贿者有气,往外掏钱是被逼无奈的,绝不会为受贿人保密。

法院的这次调解没有结果,但主持调解的郑法官了解到了这种情况。农民的利益受到侵犯;对这种情况听之任之,置之不理也于心不甘。他把这个情况向民事庭的庭长汇报,庭长又向院长汇报。既然层层上报,没有哪个领导敢说不管。由于受贿案件归检察院直接处理,县检察院知道了这个情况,立即立案侦查。经侦查,杨大全的索贿、受贿情况属实,他先后多次受贿达 57 万元之多。

"卡级干部"杨大全没想到,自己堂堂一个大主任,竟然栽在刘成他们六个老实巴交的农民手上!他们不能还贷,却让自己被揪出来,受到法律制裁。

索贿一次,留下一个污点,惹起一份民怨;
多次索贿,迟早会受到审判。

赶紧自首

辽宁省瓦房店市人民法院在该院法庭公开宣判：以贩卖毒品罪，判处穆世山有期徒刑13年，罚金3000元；判处田玉新有期徒刑10年，罚金2000元。宣判后，他俩连喊"真倒霉"，但都表示服判，谁也没上诉。他俩百思不得其解，咱倒卖大烟膏，这事儿绝对保密，公安人员怎么知道的呢？

对这起案件，得先从田玉新说起。

田玉新是个40岁的中年男子，住在瓦房店市。他的工作单位效益不好，不仅工资少，还常常不能按时发放，家里穷得叮当响。看见别人干个体发了财，他手心发痒，但他要物没物，要钱没钱，他总在想：干点儿什么能弄到钱呢？只要不出事儿，非法来钱也行。这种错误想法最终把他引向了犯罪的深渊。

他从电视上看到，一些经济犯罪分子被依法严惩了。这些人有的假冒他人商标，制造伪劣产品；还有的走私、贩黄……他觉得干这些一定来钱快，要不他们怎么会冒着犯罪的危险去干呢？不管是走私、贩黄，还是假冒他人商标，制造伪劣产品，都得多多少少有点本钱，两手空空的怎么干？

他知道有人贩卖毒品挣钱了。他琢磨过，自己行不行呢？上哪儿弄毒品？弄来了又卖给谁？想来想去认为不行。总之，靠歪门邪道发财也得有本钱。唉！干什么都不行，那就老老实实受穷吧。

思想歪，灾祸来。一天，田玉新到邻居穆世山家闲坐，没事就天南地北地闲唠。他对穆世山说："这阵子你看没看电视，电视上播了不少侦破走私、贩毒的案件。你说这帮犯罪分子多有能耐，为了走私、贩毒，竟能和外国人勾结起来！"

穆世山说："贩毒不一定和外国人联系，中国也有毒品。要是能弄到毒品，再找到买主，从中一倒腾也能挣钱。"

"中国哪有毒品？咱们国家根本就不让生产。中国的毒品就是医院的杜冷丁。"

"电视上被抓到的那些人主要是贩卖海洛因、鸦片，就是白粉和大烟膏。"

"那就得了呗！咱中国根本就没有大烟，你看谁种大烟了？你知道大烟是什么样？"

"我没看见不等于没有。你要能找到买主，我去给你弄大烟。"

"你上哪儿弄？"

"那你就别管了。我还能告诉你呀！你要能找到买主，我保证提供大烟，挣钱咱俩分。"

"瞎吹什么，你比我强不了多少。我问你，你上哪儿弄呢？"

"黑龙江我有亲戚，北边有种的。他们自己也能熬。那玩意一斤能卖 1 万元，拿个三斤五斤的像玩儿一样，一点儿不费劲！"

"怎么那么贵？"

"这没假。你看看电视、报纸就知道了。倒腾这玩意儿要是不来钱谁能冒着坐牢的危险去干？"

"坐牢的都是些傻帽，干这事儿还能让公安局的知道？"

……

他俩就这么你一言我一语地随随便便提到贩卖毒品的事儿。田玉新确信，只要能找到大烟的买主，穆世山有可能弄到大烟。据他了解，穆世山这个人比较实在，不是好说大话的人。从这天起，田玉新心生倒卖大烟挣钱的邪念。

他在想：既然有人敢冒坐牢的危险干这行，这说明干这个肯定来钱快。1斤卖1万元，10斤就卖10万。倒卖个十斤八斤的，每人挣个两三万，这要比出苦力挣得多。他这么一想，也开始寻找大烟的买主，他开始向犯罪的道路上一点一点迈进。

田玉新跟好几个人谈了这个事儿，其中包括他的朋友崔中元。没过几天，崔中元回话了，说他的朋友张森已经找到买主，准备要两斤。

在犯罪的道路上已经滑下去的田玉新喜出望外，他认为，这可遇上了发财机会，他立刻告诉给穆世山。穆世山不信，就和田玉新、崔中元一起见了张森。穆世山说："咱的大烟纯度高，每斤得卖12000。"

张森说："根本没这个价，最高给你11000。"

穆世山看看价格实在抬不上去，就说："11000就11000，咱得一手交钱，一手取货，不能赊账。"

"可以,你们的大烟带来了吗?"

穆世山问:"买大烟的人在哪儿?"

"你先把大烟拿来我看看。"

穆世山又说:"你先把买大烟的人领来。"

讲来讲去,他们谁都不肯首先亮"牌"。张森说:"你们根本就没有大烟。"

穆世山也说:"你根本就没有买主。"

双方话赶话僵到这儿了。张森说:"这样吧,你们先拿出2000元订金,我领你们去见买主。如果你们没货,这2000元别往回要;如果我找不到买主,这2000元退回,额外我再赔你们2000元。怎么样?"

"行!"穆世山很有把握,果断答应,随后回家取来2000元,当着田玉新、崔中元的面交给张森。张森说:"你们把大烟准备好,5天以后,在6月21日这天,我领你们去见买主。价钱别再改变。咱们初次打交道,大家都是朋友,谁也别食言。"

穆世山一伙谁也没提出别的条件,买卖就这样谈妥了。

当时是6月份,天气很热。张森又胖,穿着单衣,这2000元装在衣兜里鼓鼓囊囊的,他刚到家,还没等把钱拿出来,他妻子看见了就来翻兜,硬是给翻去了还不说,非让他讲清这么多钱是从哪儿弄来的。

张森的妻子是个小学教师,有点儿文化,头脑清楚,是个聪明人,平日与张森关系很好,没闹过矛盾。张森在外边遇到什么事也不瞒她。既然这些钱被翻着了,她又刨根问底,那就得实话实说。

他妻子一听吓坏了,立即慌张起来,说:"咱就是再穷,也不至于穷到贩卖毒品这份儿上。一旦你被抓去蹲监狱,咱这日子还怎么过?我怎么出门见人?孩子上学念书也抬不起头。你傻啊!怎么干这事儿!"紧接着,他妻子又详细询问了跟谁贩卖毒品,这毒品由谁提供,最后又卖给谁。张森也算聪明,自知事情重大,也想让妻子当个参谋,想想办法,看看怎么处理才算上策,就全讲了。

他妻子说:"这事儿准完。你认识的是崔中元,崔中元认识的是田玉新,田玉新认识的是穆世山,穆世山的大烟从哪弄的,后面还牵连一些人。这些人没有亲戚血缘关系,是建立在金钱酒肉基础上的乌合之众。一人不喝酒,二人不作案,一大帮人一起干,没有不出事儿的。两口子过日子有时还会有矛盾,别说你们这帮人到一块儿是为了挣钱。如果有人感到分赃不均,没满足要求,一定会闹出问题。再说,当前打击贩卖毒品正是高潮,你这不是没事儿找事儿吗!你赶紧到公安机关自首,讲清情况,争取从宽处理。要是晚了,落到别人后边,等别人先自首了,或者这事儿被公安机关知道了,警察上门来抓你那就晚了。"

"问题能那么严重吗?"

"哎呀!你可快点儿去自首,贩毒有死罪,要是别人先自首,你就倒霉了。"

张森犹豫起来,说:"我去自首,这不是把朋友出卖了吗?再说,自首就能没事了?我要去自首,当场把我扣下怎么办?"

"这叫什么出卖!要不,你退出来,让他们自己干,别跟着瞎掺和。你要去自首,把这事儿一揭发,属于立功表现。"

张森犯愁了,想既不去自首,也不参与这个买卖,但又一想,已经拿了2000元,如果退出来,不是退2000元的问题,还得赔人家2000元。他在犹豫,他妻子更着急了,就吓唬说:"你要不去自首,我去报案。反正我不能眼睁睁地看着咱这个小家庭让你给毁了。"

在妻子的催促下,第二天上午,张森到派出所投案自首,讲出全部情况。由于贩毒不属于一般的治安案件,派出所立即向公安局汇报。局里有关领导特意开会研究,认为在不见赃证的情况下就去抓人,一是怕抓错了,弄不到证据不好处理;二是怕打草惊蛇,抓了这个,跑了那个,挖不着"根",就做了巧妙安排,准备一窝端,打个歼灭战。

6月21日,这天是约定买卖大烟膏交钱取货的日子。穆世山和田玉新二人带上两块大烟膏找到张森,说:"东西带来了。"

张森说:"崔中元怎么没来?"

穆世山说:"崔中元老婆说,崔中元一大早就去赶集了。"

"得去找一找,大家做生意,扔下一个多不够意思!"

穆世山说:"不去就不去吧,买卖做成了,挣到钱给他分点儿就行了呗!"

张森还是坚持要找崔中元。他们三人就乘出租车到集市上转了好几圈,费了好大劲也没找到。看看时间不早了,他们这才回到瓦房店市,在宾馆里与那位买大烟的"老客"会面。

这位"老客"已经等了很长时间。大家见面后,张森给双方作了介绍,大家简单寒暄了一阵之后,张森就插上门。门的暗锁一插,屋里人有了安全感。

穆世山往门那边又看了一眼,门确实插上了,就从一个黑色人造革提兜里拿出一个塑料袋,大袋套小袋,里里外外包了好几层,最后打开里面的一层,露出两块黑膏药一样的大烟膏。买大烟的"老客"接过来,用手捏一捏,挺软的,又用鼻子闻一闻,说:"是真的吗?"

穆世山好像受了侮辱,说:"你不识货,不像买大烟的。你看了半天怎么能说出这种话?你要怕有假就别买了。这玩意儿也不能拿到外面去公开化验。"穆世山说完,又用塑料袋装上,好像怕蒸发掉分量似的。这位买大烟的"老客"说:"放在这儿。"然后就解衣扣,从内衣兜里慢慢往外拿钱。

"咔嚓"房门被打开,一队全副武装的警察冲进来。警察们端着枪,几乎同时喊出"不许动",转眼间,屋内所有人全被戴上了手铐。警察们把这几个人全部推上警车,紧接着就去抓崔中元,但没找到。崔中元知道此事败露,像耗子一样畏罪潜逃不知去向。

田玉新和穆世山被关进瓦房店市看守所,而张森被释放回家,因为他投案自首并有立功表现。

经检测,这两块大烟膏是鸦片,而且纯度较高,达到15%,重量为890克。于是,预审开始了。田玉新的供述简单,他说:"我就是想挣几个钱花,跟着瞎张罗。我一没有大烟,二没有买主。大烟是穆世山弄来的;买大烟的'老客'是崔中元通过张森找到的。"

大烟是穆世山弄来的,穆世山抵赖不掉。公安机关问他这么多大烟是从哪弄来的。穆世山一口咬定说:"去年春天,我去广州跑买卖,在广州火车站遇到三个人。他们说钱包丢了,要回北京,没钱买火车票,就拿出这两块大烟膏对我说:'我们看你挺实诚的,这有两块大烟膏卖给你吧。咱不多要,只要你能给咱三个人每人买一张去北京的火车票,再拿200元路上的吃饭钱,我们就把这两块卖给你。这两块儿二斤重,如果找到买主,能卖上两万元。你不吃亏。'就这样,我花了几百元买了这二斤大烟。至于那三个人是哪的,我不知道,我也不认识他们。他们现在何处,我实在说不清。"在以后的多次提审中,穆世山都是这么讲,信不信随你公安机关的便吧。

公安人员不是傻子,根本不信,认为他是为了掩盖提供毒品的人而编造了一个故事。

公安局的刑侦人员根据田玉新的供述,到黑龙江去找穆世山的亲戚。因为穆世山曾经跟田玉新说过,黑龙江他亲戚能弄到大烟,那边有种的。但经过很长时间的侦查,始终没能挖到这个提供大烟的"根"。为了不再拖延这起贩卖毒品案件,便向人民检察院提出了起诉意见书。没过多长时间,人民法院经过开庭审理,根据当时的法律规定作出判决,了结了此案。想发财的穆世山和田玉新都被送进了监狱。

想发财,别胡来;违法犯罪受制裁。

监守自盗

春节放假,建筑工地一片寂静,只留四个没结婚的小伙子在这里打更,看守工地上的各种建筑材料。

在这四个人中,年纪大一点的是薛忠,还有何国栋,年纪小一点的是高定发和赵升仁。按照工地领导的安排,在这四个人中,薛忠是负责人。

春节期间工地里没有活儿,别人都回家吃饺子、放鞭炮,他们四个人就住在简易的工房里打扑克、看电视、睡大觉。

打扑克也不能空磨手爪子,小规模地动点输赢。薛忠输了,虽然才输几百元,但对于打工的年轻人来说,数额已经不小了。薛忠承担不起,就琢磨怎么才能把输的钱再弄回来。他躺在工棚里的木板床上,从玻璃窗看到外边的工地上放了一卷一卷的铝质电线,顿生邪念。

他对年纪小一点的高定发和赵升仁说:"你俩去找辆车,把前面院子里堆的电线拉到北面聚宝收购站卖了。"

高定发和赵升仁疑惑不解,似乎没听懂,都没言语,也没挪地方。薛忠又重复一遍。高定发说:"那电线不是咱工地的吗？领导不是让咱在这里看守工地材料吗？怎么能卖呢？"

"我是领导，我说了算，让你们卖你们就卖，出了事我负责。"

高定发没吭声，赵升仁说："你是领导，我们听你的，但是你要是让我们去杀人放火，去犯法，这我们不能干。你说出事了你负责，如果我们蹲监狱，你能负什么责？"

薛忠说："我让你们卖你们就去卖，卖完把钱拿回来咱四个人平均分。分完了我再去把电线要回来。"

高定发问："咱把电线卖给人了，怎么往回要？"

薛忠说："你们都是些死螃蟹——没有沫。电线是工地的，你们把成卷的电线拿去卖，收购站收购赃物违法，我准能要回来，他们不敢不给。如果不给，我就拽他们到公安局，让他们蹲监狱。"

到底是薛忠聪明，高定发和赵升仁脸露微笑，恍然大悟。他们明白了薛忠的意图，转身就来到那堆铝电线旁，看了看，然后去找车。

他们看见，有一辆三轮车从这建筑工地旁路过。高定发跑过去，对三轮车的车夫说："我们工地有一堆电线，领导跟我们说了，春节期间让我们在这里留守看护工地，给的报酬就是这堆电线。这堆铝线工地不用了，我们要把它卖了，请你帮我们把它运到北边的聚宝收购站，然后我给你运费。"他们经过讨价还价，最后车夫同意了。

聚宝收购站离他们工地大约1公里半，这个收购站是由郑家勤夫妻开的。高定发他们把这些铝电线运到收购站要卖。郑家勤一看，这些电线是新的，没用过，而且数量大，不敢收，就说："我们是收购废旧物品的，这样的电线我们不收。"

高定发说："我们工地不要了，是用剩下的，已经旧了，不能退货。领导说了，让我们把它运到这里卖了，不管卖多少钱，算是春节给我们的工钱。"

郑家勤说："这我们也不敢收，像是赃物似的，容易出事儿。"

高定发和赵升仁要卖，而收购站的郑家勤夫妻就是不要，就在这时，三轮车的车夫也跟着帮腔，说："是！这些电线是我从他们工地给拉出来的。"

郑家勤夫妻打量着这三个人，看他们没有半点慌张的表情，不像是从别地方偷来的，也就听信了高定发他们的话，把这些电线过了秤，按重量给了他们11000元。

高定发把这些钱拿到手，鉴于三轮车夫帮腔有功，取得了成效，对他表示点儿感谢之意，就捏出一张100元的大票递给他，说："现在是春节放假期间，我多给你点儿。这是100元，你就不用找零了。"车夫道谢，然后各自分开，大家离开了聚宝收购站。

高定发和赵升仁把钱拿回来，交给薛忠，薛忠不食言，把钱平均分成四份，每人一份，谁也没多得，谁也没少得，分完他领着何国栋就直奔聚宝收购站去了，因为他知道，去晚了，收购站把这些电线再卖出去那可就麻烦了。

人的一生，做了错事，往往就在一瞬间。郑家勤夫妻真是犯糊涂了，哪有卖赃物的说自己的东西是偷来的！经营违法，地会陷，天会塌，麻烦事到他家。

郑家勤夫妻收购了这堆电线一个多小时，薛忠和何国栋就赶到了。薛忠走进收购站院子，指着这堆电线对何国栋说："找到啦！找到啦！就是这些！"

郑家勤从屋里出来，还没等开口，薛忠就指着这些电线说："这些电线是我们工地丢的，你们怎敢收购？收购赃物犯法，你们说怎么办？"

郑家勤妻子从屋里出来，夫妻俩惊慌失措，不知说什么好。

薛忠说："我们工地丢了许多东西，那些不法分子到我们那里偷，然后到你们这里卖，如果不处理你们，我们那里的东西还得丢。我得打电话给110，不罚你们个倾家荡产不行！"

薛忠说完，掏出手机，装模作样地开始摁号码。站在身旁的何国栋说："你先别告诉110，先把这些电线拉回去，然后再报告。要不公安人员来了，把收购站的人抓走这倒与咱无关，如果把这些电线再拉走不就完了吗。"

薛忠看见收购站的院子里有一辆小汽车，就跟收购站的老板郑家勤说："就用你的车，你把这些电线给我们送回去，然后咱再研究怎么办。"

郑家勤问："我可以把电线给你们送回去，可是我为了收购这些电线花了1万多这怎么办？"

薛忠说："这么办吧，我自己出去找车，我先把这些电线拉回去，然后我们到公安局去问应该怎么办。"

郑家勤的妻子吓得面如土色，不会说话了，老半天说了一句:"我们认倒霉,给你们送回去。"郑家勤说:"行,先装车吧。"

薛忠一看,事情差不多了,但这时他想到,如果老板开着汽车把这些电线送到工地,在工地再看见了高定发和赵升仁这件事就露了马脚。他对何国栋说:"你们先装车,我得先回去看一看,我们临来时电磁炉没闭,我得赶紧跑回去看一看,可别发生火灾。"说完一溜小跑直奔工地,到工地对高定发和赵升仁千叮咛万嘱咐,说:"你俩千万不要出房间,要躲在屋子里,可不能让收购站的老板看见我们是一伙儿的。"

郑家勤开着汽车把电线给送到工地,又帮助卸下来,累得满头大汗。卸完,薛忠对他说:"你今天虽然帮我们把电线拉回来,但这事儿不算完。你们以后如果再收购我们工地的建筑材料,我就得到公安机关举报你们,追究你们收购赃物罪,让你们到监狱蹲几年。你们如果认为损失的那些钱应该由我们工地赔,等春节过后,咱头头回来了,我向他汇报,这好解决。我是春节期间临时看守工地的,我说了不算。如果实在解决不了,可以到公安机关或者法院去,让他们帮助解决。"

郑家勤心里琢磨,收购赃物造成损失,让谁赔?自认倒霉吧,就说:"等以后再说吧。"说完,开着汽车离开工地。

世间的许多事情,有的可以被时光冲淡,也有的经过了一段时间会真相大白。薛忠他们这个工地与郑家勤的聚宝收购站不远,没过多长时间,郑家勤终于知道自己上当受骗,遂向公安机关举报。

案件经过法院公开审理，薛忠、何国栋、高定发和赵升仁四个人，均被法院认定犯有敲诈勒索罪，并根据各自的罪行轻重，判处了他们不同的刑罚。

监守自盗演出戏，敲诈勒索很得意。
最终法律来严惩，多行不义必自毙！

赌徒末路

辽宁省沈阳市苏家屯区陆义民和常家新都是 60 多岁的老人,他们退休前在同一个工厂上班,退休后,经常在一起打麻将消磨时间。

陆义民的子女都在外地工作,老伴儿又去世了,就一人生活,他家成了这些老年人在这里玩麻将赌钱的场所。

他们打麻将主要是消磨时间,虽有输赢,但数额不大。可是,这一阵子常家新不走运,先后输给陆义民 700 多元,常家新有点儿还不起了,就想让陆义民一笔勾销,但这话又不好说,就迟迟不给钱。

一天吃过早饭,常家新骑自行车到陆义民家去玩麻将,企图把输的钱捞回来。由于这天阴天,很快就要下雨了,其他麻友都没来,只有陆义民一人在家。常家新来了,两人坐一会儿外面就下起了小雨。常家新说:"外边下雨了,今天这帮老家伙不能来了,我到外边买点吃的,咱俩改善一下生活。"

常家新是个出名的吝啬鬼,今天突然大方了,主动要买好吃的,陆义民不是傻子,立刻明白常家新的意图,因此没有吱声。过了一会儿常家新买来一大包猪蹄、烤鸡、香肠、花生米等许多熟食和啤酒,就在饭桌上摆开,跟陆义民开始又吃又喝,唠了起来。

吃着、喝着、唠着,酒过三巡,菜过五味,常家新就把话题往正题上拉。他说:"咱俩没退休的时候在厂里关系就不错,现在退休了就像亲哥们儿一样。我以后要闷了,就买点儿酒和菜到这里咱俩喝两盅。"

陆义民没言语,他已经料到常家新下一句将要说什么,便侧耳倾听。不出所料,常家新说:"咱们在一起打麻将就是消磨时间,不是为了赌博赢钱,但动点真格儿的也就是小打小闹,增加一下玩的兴趣。可是我这一阵子点儿背、不走运,输给你不少,你就一笔勾销吧,友情为重。"

陆义民没说话,只顾低头吃菜。常家新又说:"咱关系这么好,以后我给你买酒喝。我买酒、买菜,咱俩吃,我也不能跟你要钱。"

陆义民憋不住了开始说话。他说话不是看着常家新,而是低头瞅着桌子上的菜说:"咱中国有句俗话,叫作'烟酒不分家'。吸烟,哪有自己只顾低头吸自己的而不顾别人?喝酒,也没有只顾自己喝而不劝别人。递烟、敬酒这很正常。但凡叫一个人,递给人家一支烟没有跟人家要烟钱的;敬人一杯酒也没有跟人要酒钱的。中国还有一句俗话叫作'赌场无父子'。在赌博这个问题上,不要说是好朋友,就是父子爷们儿也不能让步,输了就是输了,输了就得给钱,要不还赌个什么意思?"

常家新说:"你看看今天我买的这些菜和酒,花了不少钱，你也吃了不少，喝了不少，我也不可能跟你要钱。"

陆义民说："这些酒和菜是你让我吃的、让我喝的，你也不是到我家来卖给我的。你要是来卖，我还不买呢！"在常家新欠的这笔赌债问题上，两个人不让步。常家新就算起了自己的小算盘：不但欠的这笔赌债要如数偿还，今天还搭进去不少酒肉钱，真是赔了夫人又折兵。

陆义民认为，天下没有平白无故地请人吃饭喝酒的。有所舍，必定有所求。你常家新花几十块钱买酒买肉不怀好意，就想赖掉700多元不还，这是万万不行的。哪个多，哪个少，连小孩子都糊弄不了。常家新认为陆义民见钱眼红，为富不仁。两人都很不高兴，但酒没喝完，菜没吃净，也不可能就此扔下筷子各自分手，他们仍然在默不作声地吃和喝。真是"话不投机半句多"，他俩不再说什么，但心里都在咒骂对方。

喝了一会儿闷酒，陆义民说"我上趟厕所"，然后离席而去，过了一会儿回来了。常家新也说，"我也去一趟"。常家新撒完尿，看见外边雨下得越来越大，料到在这样的雨天一定不会有人来，他便起了杀人念头。

他来到厨房，想拿菜刀砍死陆义民，又怕溅一身血，没什么可拿的，就拎起一个铁大勺走进屋里。陆义民仍然低头夹菜，没理他。常家新举起大勺，照他后脑勺狠狠砸一下，只一下，就把他砸得趴到饭桌上，脸贴到猪蹄和烤鸡上。常家新紧接着又给他几下，把他打昏。怕他不死，常家新看见地上有个电炉子，上面有电线，就把这个电炉子拿过来，用上面的电线往陆义民脖子上缠了两道，然后使劲勒，勒了好一会儿确认他已经死亡这才松手。

把债权人打死了,这笔赌债不用还了,但欠下了一笔需要用生命来偿还的血债。常家新也知道把事情弄大了,怎么办?他在屋内到处翻了一遍,把翻到的1000多元钱塞进兜里,然后拽来床上的被将尸体蒙上,锁上了门离开这里。

常家新先杀人后抢钱。人民法院经过开庭审理,查明了案件事实,认定他犯故意杀人罪和抢劫罪,数罪并罚。常家新受到了法律的严厉制裁。

古人造字很有哲理:"贝者"合为"赌",
"今贝"合为"贪","分贝"合为"贫",
"贝戎"合为"贼"。
这四个字形象地指出赌徒的结局是走进监狱:
赌——贪——贫——贼。

捡钱不还

猪往前拱，鸡往后刨，为了弄钱，各有花招：刁民偷、抢、骗，贪官受贿、索贿和贪占。还有一种人也能把他人的钱弄到手，这就是捡到他人钱不还，这也很难如愿。例如：刘媛英捡到钱不还。

那是12月17日上午10点半多钟，一列旅客列车路过沈阳站时停下了，旅客上下车完毕，列车准备启动。列车员刘媛英正低头关门，站台上跑来一个20多岁的小伙子，冒冒失失地顺着要关闭的车厢门，扔进一个黑色人造革小提兜，砸到刘媛英腿上。刘媛英瞅瞅这个人，小伙子忙说："我下车时拿错了，请你还给那个旅客……"

车门关上了，车速不断加快。这个小伙子站在站台上又说些什么，刘媛英没听清。

刘媛英心想，车厢里这么多人，让我给哪个旅客？再说，这人造革提兜也不大，值不了几个钱。她用脚踢了踢，觉得不像空的，就弯腰捡起来拿到乘务员室，她毫不在意地把它往地上一扔就坐下休息。

列车在奔跑，窗外的田野、树木，急速地向车后闪去。

列车开出沈阳站好长一段时间,刘媛英这才漫不经心地把那个提兜拎起来,拉开拉锁,看看里面装的是什么。里边有件旧衣服,她用手中开车厢门的钥匙扒拉一下,这衣服裹着的一个报纸包就露了出来。这纸包里有 12 捆人民币,票面都是 100 元的,看来是 12 万元。刘媛英一惊,就这么个破兜怎么能装这么多钱?

原来,这笔钱是沈阳人陈巨川的,他出门做生意,从沈阳北站上车时被一个名叫郭建德的年轻人盯上了。陈巨川没发觉,他怕这个兜丢了,没敢往行李架上放,就挂在头上的衣帽钩上,紧贴他脑瓜顶儿,陈巨川以为这很安全。郭建德盯住那个兜,在沈阳站停车时,趁陈巨川没注意摘下来就下了车。

郭建德盗窃得手,拎着这个"猎物"挤进了涌向站台出口的人海。他抑制不住内心的喜悦,一边走,一边拉开提兜的拉锁,想看看里面有多少钱。他先是看到了衣服、纸包,后来看到了那 12 捆钞票。

郭建德先是惊喜,随后又惊慌,他估计这些钱差不多有 10 多万。偷这么多,万一犯事儿了能不能被判死刑?再说,丢兜人发现丢这么多钱,会不会追来?自己的车票不对,到出站口时会不会有问题?他害怕了,走走停停,总觉得容易出事,怕被枪毙。为了避免被枪毙的可能,他又转回身,想把这个提兜送回去,因为兜里的钱太多,实在不敢留。他精神恍惚,不知不觉来到了他下车的那个车门口。他开始犹豫,怎么处理呢?这时,站台上的铃声、哨声响起,列车要开了,他来不及细想,就把这个提兜朝列车员刘媛英扔去。

车开了,兜也甩出去了,他如释重负,觉得浑身轻松多了。然而,他万万没想到,往车上扔东西的反常现象引起站台上不少人的注意。为了确保列车安全,他被抓起来询问。做贼心虚,他越是惊慌,公安人员越要刨根问底,最后不得不讲了实话。

再说列车上的刘媛英,看到提兜里装这么多钱,说不清是惊是喜,是忧是愁。怎么办?交给哪个旅客?上哪儿找啊!也许失主把提兜遗忘在车上,早就下车了呢!不交呢,把它留下,万一被领导发现,这算什么性质的问题?

她思前想后,把方方面面的利弊都想到了。她知道遇事三思而后行的道理,但由于脑瓜太笨,怎么想也想不出好主意,最后,盼发财的贪婪之心使她认为还是留下。她这样想:自己一没偷,二没抢,三没骗,什么问题也不算,最重属于捡东西不还,道德不好,不会受处分。

人无外财不富,马无夜草不肥。外财,劳动收入之外之财,有多少人为它朝思暮想!然而有谁能想到,外财,往往是天灾。

列车开出沈阳站一直没人找这个提兜,但刘媛英一直心慌意乱。一不做,二不休,她决心沿着自己选好的路走到底。她把钱从那个提兜里取出来,装进自己的背包,随后打开车窗,把那个提兜连同兜内的衣服一齐扔到车窗外。

列车继续前进,车厢内平静如常,刘媛英的心绪略有平静。不一会儿有个40多岁的男子慌慌张张地跑来敲她的乘务员门,语无伦次地说,他有个提兜,里面有不少钱,并说有人看见被乘务员捡到了。

刘媛英吓坏了,张口结舌地说:"谁!谁说我捡到了?"

"不少人都说,在沈阳站有个人把提兜给你了。"

对这种情况的出现刘媛英没想到。露了马脚,怎么办?

这个提兜早就被扔到窗外了,钱也装进了自己背包,没法承认。她急中生智,马上来了词,说:"在沈阳站开车时,有人扔到车上一个兜,不知是谁的。我把它放到洗面池地上了。"说完就领这个人到那地方去找,当然没找到。

丢包人不甘心,去找列车长。好人总是有的,有正义感的人不会哑口无言。一个60多岁的老者趁刘媛英不注意告诉丢包人:在沈阳站开车时,这个列车员把提兜拎进乘务室了,根本没往洗面池那放!失主坚定了找包的决心,他把这一情况详细告诉给列车长,列车长马上来询问刘媛英。

事已至此,刘媛英不想改口,她一口咬定:把那个提兜放在洗面池地上了。乘务室很小,列车长在室内仔细查看了一下,也确实没发现室内有黑色人造革提兜,就又到车厢里找那个丢包人。别看丢包人慌得像热锅上的蚂蚁,但说出的话很坚定。他说:有人亲眼看见这个列车员把提兜拎到乘务室了。列车长再一次到乘务员室查看,仍然不见提兜踪影,就又回来跟丢包人要证人。没等丢包人说话,那个面容充满正义感的老者主动对列车长说:"没错!我们好几个人都看见了。你们到她那屋去翻,肯定能翻出来。"

列车长第三次找到刘媛英谈话,然而不管列车长跟她怎么说,她死也不承认拿了这个兜。她鼻尖上布满了密密麻麻的小汗珠儿,眼睛不敢正视列车长,嘴里也说不出别的,翻来覆去就是那么一句:"反正我把那个提兜放在洗面池地上了,谁拿去了我不知道。"

眼睛是心灵之窗。列车长耳听刘嫒英的辩解,眼睛却从刘嫒英的眼神上看出了问题。刘嫒英不敢正视她,她也不再追问,只是说:"快到终点了,下车后解决吧。"随后,列车长让乘警找了那个见证的老者和其他见证人,记下了证明笔录。

刘嫒英知道列车长很不好对付,但如果一承认,事儿就弄大了。如不承认,也很难过关。这些钱扔了可惜,不扔又怕出事。心里忐忑的刘嫒英下车后,来到乘务员公寓,抽空将钱款从背包里转移到身上,以防有人翻她的背包。

列车长没让她回去,她只好在那等列车长再次找她。然而,这一回,列车长没来,而是来了3名公安人员,其中还有一个女的。刘嫒英明白:那个女性,分明是准备对她翻包搜身的,形势严峻。刘嫒英知道,既有人证,赃物又没甩掉,看来是赖不掉了。她最后走投无路,交出了身上这些钱。公安人员当场把钱全部返还给失主。陈巨川一数,12万元分文不少,随后接连向公安人员弯腰行了两个90度大礼。

刘嫒英被戴上手铐,就再没让她回家。先是拘留,随后逮捕,接着被起诉。法院经过审理认为,对旅客遗失的物品,在列车员保管尚未返还失主期间,刘嫒英利用职务之便隐匿不交,占为己有,因数额巨大,其行为构成犯罪。又因赃款已经全部返还,刘嫒英被从轻处罚。

法院做出判决后,刘嫒英被送进监狱,离开了丈夫和两岁的孩子，离开温暖的家，开始了狱中的铁窗生涯。这时她明白了：想外财，盼外财，原来外财伴随灾祸来！

 没外财，想外财，外财常伴灾祸来。

一步走错

辽宁省鞍山市辖区内有个岫岩满族自治县,在这个县的看守所我们提审了被鞍山市中级人民法院判处死刑的孙立伟。

严肃的提审开始了。我问他:"你叫什么名字?"

"孙立伟。"

"一审法院对你怎么判的?"

"认定我犯抢劫罪,判我死刑。"

"你上诉没?"

"没上诉,服判了。"

"按法律规定,中级人民法院判处死刑的案件,被告人不上诉也不能立即执行,需要由上级人民法院复核。我们是辽宁省高级人民法院的,今天来复核你这起案件……"

没等我说完,他打断我的话,说:"这我知道。有烟没?给我一支。"

书记员小赵递给他一支。

孙立伟对严肃的提审好像没在意,他吸着烟,就像跟我们唠家常一样,说:"我也没想犯罪,更没想杀人,事儿都是一步步走到那儿了。"

"怎么一步步走的？"

他从头至尾像讲故事，讲起他犯罪的经过：

我们这地方是山区，收入只有两条，一是放蚕，二是种地，一年忙完，也剩不了多少钱。前两年给母亲治病，现在我父亲又患胸膜炎，这一折腾，家里没钱了。眼看就要过春节，春节期间，农村也没什么活动，大家就是三五成群地凑一起玩扑克、打麻将。不动大输赢，但一把玩个三角两角的，我没钱，当然就上不了场。上哪儿弄钱呢？

我四叔家有点儿钱，跟他借吧，什么理由呢？这时我就想，最好是趁他家没人时去偷。偷他家的即使让他发现了，他也不能到派出所告我。事到如今我才感到，就是一时生出的这个偷钱的想法把我毁了。

四叔家四口人，有四叔、四婶和两个孩子。一天晚上，我在村里的食杂店看他们玩扑克，正巧，四叔家四口人都在，有玩的，也有看的。我料到此时他家一定没人。我回家取把螺丝刀就去撬门，进屋后翻到了一百来元钱和一条项链。我从来没做过违法犯罪的事儿，只有这一步走错了。

才过一小时，四叔就来到我家，进屋就打我一个嘴巴子，根本不由我分说。接下来就一下接一下地打我。他说："你看，外边刚下完小雪，家里被人撬了，我顺着这脚印就找到你家了。"他说完又打我，并说："等你爸回来，我跟你爸道说道。"

他把我鼻子打出血了，还打，我也不能跟他对打，只好夺路而逃。往哪儿跑呢？四叔还在我家，等我父亲回来我还得挨骂。再说,这撬门压锁,入户盗窃,做贼当小偷,太难听了,怎么办呢?

我兜里有刚从四叔家偷来的一百来元,就漂泊流浪,毫无目标地走。过了几天,钱花光了,我又饥又渴又冷,这时走到咱县的石灰窑子乡,看见有一家房门用明锁锁的,我料定屋里肯定没人,就撬门,想进屋弄点吃的,弄几个钱花,以便继续流浪。

我在这家翻箱倒柜,翻出20多元。这时,从门外进来一个50多岁的妇女。她见我在屋里吓一跳,转身就往外走,还喊人。我也不能让她这么喊,从身边拽起一根木棒,照她头上就打两下,把她给打倒了。我赶紧离开那里。后来我知道她被我打死了。

这时我也想到了回家,但怕我四叔打我,又怕父亲骂我,还怕村里人说我是"小偷""窃贼",我就四处漂泊。我先后到了辽南的熊岳、鲅鱼圈、大石桥等地。在大石桥把钱花光了,又偷了600元,就乘火车来到山海关。在那里租了一间房子,住两个月。我怕家里惦记,往家打了电话。当时是我姐姐接的,她告诉我,家里人都在等我,让我赶紧回去。我也知道,这样四处流浪,跑到什么时候是个头?我决定回家,兜里分文没有,连火车票都买不起,怎么办?我实在不想偷,又走投无路,就到山海关民政局去要。我说,我是外地打工的,老板不给钱,家里父亲病重,急需要买车票回家。民政局给了我50元。我花了点儿钱买吃的,买回老家的火车票钱不够,就买了一张到附近万家的火车票,到那儿下车后,我又成了身无分文的流浪汉,没地方吃饭、没地方弄钱，只能去偷。

傍晚天快黑了，我走到辽宁省绥中县前卫镇三道村，看见一家房门用明锁锁的，我就撬门入室，翻钱、翻吃的。翻了一阵，没翻到什么。发现这家屋里堆了不少服装，可能是卖服装的，我就想挑几件拿出去卖。

我在挑选衣服时，从门外进来一个60多岁的老头，我躲闪不及被他发现了。他见我先是吃了一惊，随后就慌张地问我："你到他家来干什么？"

他这么问，我明白了，原来这不是他家。我马上撒谎说："我是他家亲戚。"我这么说没起作用，老头对我还是十分警惕，后来我知道，这是他儿子家。他追问我："你在屋里怎么不开灯？"

"灯泡坏了。"

可是，这家用的是荧光灯管。这老头儿转身往外跑，开始喊人。我怕他喊来人抓我，就扑上去，跟他厮打，掐他脖子，把他给掐昏了，我见他不动弹了就进屋取衣服。我拿一包衣服往外走时，这老头儿苏醒过来，夺我手中的包，又开始喊人。我没别的办法，为了不被人抓到，只好打他、掐他，随后用他家一块木板，往他头上砸。我怕他醒过来喊人抓我，就解下我腰上的一根捆棉袄的绳子，勒这老头的脖子，见他不动了，我才拎个衣服包逃跑。我卖了这包衣服，有了钱，买了火车票一直跑到家。

我知道，后来这两件事都做大了，出了两条人命，事到如今，只能听天由命了。

提审结束前,都要问一句"最后还有什么要说的",他面带微笑,态度平和地对我们说:"想为国家做点什么事,也没机会了。我死后把遗体献给国家吧,包括血液。我认罪态度好,又愿意献遗体、献血液,我死后,国家能不能照顾一下我父亲,他今年73岁了,胸膜炎到了后期,我母亲去世了,两个姐姐都出嫁另安家了,我再被枪毙,我父亲一个人没法活了……"他哭了。

 迷途知返,为时不晚;执迷不悟,是条死路。

可怜之人

晚上9点钟,在沈阳市沈河区风雨坛街顺通小区一栋住宅楼的一楼至二楼的缓步台上,躺着一位年轻女子,她发出微弱的"哎呀!哎呀!"声,她没死,但生命垂危。楼里的居民发现后,立刻向沈阳市沈河区公安分局风雨坛派出所报告。

很快,一辆警车驶到楼洞口,几个民警立刻来到楼道里,见这个姑娘还没死,有抢救余地,大家立刻把她送到附近医院,因颅内淤血太多,尽管及时做了开颅手术,但还是没抢救过来,三天后她死了。

这女子是谁?全楼无人认识。公安人员从她身上翻出一张火车票,是从延吉到丹东的。还翻出一张延吉市职工旅社的住宿发票,上面写着"金成子代办签证手续费"。这个人从延吉到丹东,怎么会在沈阳遇害?"金成子代办签证手续费"是什么意思?公安人员对这个女子进行了全面搜查,再没发现任何有用信息。

只要有一点点信息,找到一点点蛛丝马迹就足够了,公安人员就会顺藤摸瓜,顺着这根线头找到线团,把复杂的案件侦破。公安分局的局长决定，派出刑侦人员立即赶到延吉市去查找"金成子"和"延吉市职工旅社"。

延吉市职工旅社很好找，到那以后没费吹灰之力，顺利地找到了。旅社营业员看见刑侦人员递给他们的照片，马上说："这个人我知道，她是工商局的。"电话打到延吉市工商局，对方回答说："我们局有这个人，她叫金成子，是企业科的干部，不过前几天她去朝鲜探亲去了。"刑侦人员拿着金成子的照片，来到延吉市工商局，经过辨认，那里的人说："一点没错，她就是我们局的金成子，是咱局企业科的同志。"

死者的身份查明了，然而凶手是谁，仍然是个谜。金成子是从延吉到达丹东，为什么在沈阳遇害，谁也说不清。

刑侦人员有办法，把金成子所在单位的部分人员和金成子的家人、朋友召集到一起，让他们提供线索。

金成子单位的一个女同志说："金成子有存款。去年夏天，她收拾办公桌抽屉时，存折掉地上了，我给捡起来，顺便看了一眼上面存款是5万元。为了这个事，她还跟我闹了个半红脸。"

刑侦人员问："你知道她的存款存在哪个银行吗？"

"不知道。我当时没注意。"

金成子的家人说："她一般都存在单位附近的银行。"

刑侦人员来到金成子单位附近的一家储蓄所，拿出了证件，说明来意，储蓄所的人员真的给查到了金成子的名字，存款还没取走。刑侦人员对储蓄所负责人说："不管什么人，只要有人来提取金成子的存款，不能支付，要立刻打电话与我们联系。"

不出所料，第二天，一个50岁左右的农民带着两个青年人来到这个储蓄所，拿着金成子的存折、身份证，要求提取金成子的全部存款。

营业员对他们说："实在对不起，柜台现金不够，我们马上给调取，钱款马上就会给送来。"营业员转身进了后室，挂通了公安机关的电话，说明情况。不一会儿，两个刑侦人员从门口进来，储蓄所的营业员向他们递了个眼色，两位刑侦人员会意地点了点头，上前拍了一下取款人的肩膀，说："跟我们来一趟……"

取款人见来了两个警察，慌作一团，立刻解释说："是郭全让我来取的，郭全说他跟金成子在大连开了一个饭店，钱不够，让我来给取一下，他答应事后聘请我去给当厨师。"

"郭全在哪儿？"

"在丹东。他约会我明天到丹东站前的东方旅社门口见面。"

"你叫什么名字？"

"叫刘世润。"

刑侦人员立刻与沈阳联系，根据上级领导指示，要在延吉市公安人员配合下，押解刘世润到丹东与郭全见面。

到了郭全约定的见面时间。在东方旅社门前，郭全没出现，有个打扮妖艳的女人匆匆走进东方旅社，直奔服务台问接待员："有个叫刘世润的昨天晚上在这里住过吗？"服务员摇摇头。这个女人又问："这个人今天到这里登记住宿没？"服务员仍然摇摇头，说："没有。"这个女人失望地走了。

这一切，都被刑侦人员看在眼里，他们跟在这个女人身后,大约走了100米,从胡同里走出一个男人,迎上去急切地问:"他来了没有?"

"没有啊!"

刑侦人员断定,这个男子一定就是郭全,他们立刻冲上去,给这个人牢牢地戴上了手铐。

不等刑侦人员开口问话,这个人不打自招地说:"金成子不是我杀的,是郭发干的,他住在丹东市振兴区桃园街牛玉兰家。"

刑侦人员明白,时间宝贵,要分秒必争。他们火速赶到牛玉兰家敲门。

郭发做贼心虚,听见敲门声响亮而急促,料到事情不妙,上了后窗的窗台,想跳窗逃跑,被破门而入的刑侦人员一把拽下来,给他戴上手铐。他做了什么事情自己清楚,只好如实交代问题。

原来,郭发与郭全只是姓氏相同,并不相识。一个偶然机会他们相遇,因为都缺钱花,都想邪路弄钱,臭味相投,成了好朋友。他们认为,沈阳城市大,人员拥挤,作案机会多,就决定到那里去弄钱。

这天,他俩乘坐从丹东去往沈阳的列车。在车上,遇到了要到朝鲜驻沈阳总领事馆办理出国签证的金成子。他们坐在一起,从丹东到沈阳的时间又比较长,他们便热情地攀谈起来。

金成子跟这两个互不了解的陌生男子无话不说。她告诉人家,自己是到朝鲜驻沈阳总领事馆办理出国护照和签证的。以前曾经去办理过一次,没办成,正在为这件事担心、着急。

可怜之人，必有可恨之处。对两个陌生人，讲这么多、这么细干什么呢？太麻痹！

到了吃饭时间，列车上有卖盒饭的，郭发和郭全为了跟金成子套近乎，诱她上当，特意给她买了一盒。金成子也真是个不见外的人，竟然吃了，而且吃得很香。她感动得不得了，说："吃饭是小事，我到朝鲜驻沈阳总领事馆办理出国护照和签证是大事，两位大哥如果能够帮忙，把这件事办成，我将感激不尽。"

郭发看她上钩了，时机到来，就夸起了海口，说："也许是命里注定，这次办理护照一定能办成。你遇见了我，这是你的福分。我姑姑的儿子在朝鲜驻沈阳总领事馆里帮办，我经过他，给别人办成了好几个。为什么出国护照不好办，就是人家怕你去了不回来。因此，要办护照，得有钱，即使没有钱款，也得把存折带上，让人家看。如果既没钱，又没存折，什么都没有，这个护照就办不下来。有钱就好办。"

真是"要知腹中事，不怕他不说，就怕不会探"。金成子听他这一说，马上说："我吸取了上次教训，这一次，我不仅带足了钱，还把存折带来了。"

郭发说："带少了也不行，只带返程的路费，这个护照也不好办。"

金成子说："够了，我带了不少。"说着，还向这两个陌生人说出了她带了多少现金，存折有多少钱。

聪明人灾祸少，愚蠢人悲剧多。愚蠢人的悲剧多是自找的。

郭发说:"只要带足了钱,我找我表哥,这是一件非常简单的事。我保证,你明天就可以拿到护照。我到沈阳要办的事也不是很急,下车我就领你去找我表哥,把这件事先安排好,明天一定让你拿到出国护照。"金成子感动得差点流出了泪。

下午,火车到达沈阳站,他们三人一起下了火车,走出火车站。郭发领着郭全和金成子以找表哥为名,在沈阳市的大东区、沈河区、东陵区等地四处转悠,寻机下手抢钱,但几次都没找到适当机会。

金成子疑惑,问:"你不认识你表哥家吗?"郭发说:"认识,我来过多次。沈阳城市太大,拆迁不少旧楼,盖了不少新楼,找不到了。他家就在这附近。再找一找,如果实在找不到,我明天把你直接领到朝鲜驻沈阳总领事馆。你放心好了,我答应你的事,一定给你办得圆圆满满,让你高兴。"

仅仅几句话,就解除了金成子的担心和疑惑。轻信人言,必有后患。金成子的悲剧说明了这一点。

要找偏僻的地方,也不是就找不到,但是,郭发对金成子说,是找他表哥家,所以只能在居民的住宅小区里找。走了许多地方,都没有合适的地方下手。

夜幕降临,大约到了9点钟,他们来到沈河区风雨坛街顺通小区的一个楼洞里。这楼洞没有灯,黑咕隆咚,也不见行人。郭发就领他们往上走,走到四楼,发现可能是谁家装修,扔出一些木方子、破板子,立在走廊的墙根。郭发终于找到了可以下手的地方。他拽起一根木方,转身朝身后金成子的脑袋狠命地砸下去。这一下,并没把她打倒,但把她砸明白了：这哪里是帮助办护照，是遇见抢劫的了。

她转身往下跑。跑到二楼和一楼之间的缓步台时，头上又挨了一下子。这一下子把她打昏了，她栽倒在缓步台上。郭发怕她呼救，怕她不死，朝她头上、脸上接二连三地砸下去，砸得她血肉模糊，不再出声。郭发放下木方子，跟郭全急忙翻她携带的东西和衣兜，翻走了金成子身上的钱款、票证、存折等一切值钱和有用的东西，然后迅速钻进夜幕，逃之夭夭。

郭发和郭全把可以分的东西平分了，存折里的钱没取。郭发说："抢的时候我起的作用大，把存折弄来了，现在开始取钱，你也得发挥点作用。"

郭全说："行！咱俩去呗！"

"两个人目标大，你自己去，取完咱俩分。我要去还用你呀！"

郭全说："我找个人跟我去取。让帮我的人离我远点，起到放哨的作用。"

郭发说："我不管。"

随后他俩议定，郭全什么时候到储蓄所取钱，两个人什么时候在丹东火车站前的东方旅社见面、分钱。

郭全来到丹东市辖区内的东港市（县级市）椅圈镇姑姑家，到那里去找帮手。他姑姑的邻居叫刘世润，50多岁，是个厨师。郭全对他说："我与金成子在大连开饭店，又缺钱，又缺厨师，你如果愿意去干，先给你开一个月的工资。你把这个存折里的钱都给取出来，你先扣下一个月工资，其余的再给我。"

郭全还特别交代："你取的时候注意安全，可以带两个人。取完交给我。明天上午我在丹东站前的东方旅社办事，我在那门口等你。"然后他们确定了交接钱款的具体时间，不见不散。

刘世润领着两个青年人到储蓄所取钱时，便发生了前面我们所讲的那一幕。刘世润和那两个青年人同时被公安机关抓获。

刘世润和这两个青年人，不知真相，被人利用，缺乏犯罪的主观故意，不构成犯罪。

郭发和郭全没有逃脱法律的制裁。他们只知道邪道弄钱快，不费力，却不知道邪道弄来的不是钱，而是灾难。

 邪道进钱财，灾祸同时来。

夜深人静

一天下午，在大连市天津街附近的一家餐馆里，有四个人在就餐。他们三男一女，都是外地到大连来的闲散人员。三个男的年龄都是20多岁。其中贺大、贺二是堂兄弟，还有一个叫沈文，另一个是17岁的小姑娘，大家管她叫荣荣。

贺大跟他们说："咱以前都是小偷小摸、小打小闹，没多大出息，干不出什么名堂。好不容易偷点、抢点，几天就花光了。这回咱干个大的，要么就一夜暴富，要么就遗臭万年，出点儿名，产生点儿轰动效应。"贺二和沈文说："听你的。"荣荣没吱声，只顾低头吃菜。

这三个男的都会开车，为了作案后逃跑方便，他们租一辆黑轿车，在街上闲逛，寻找作案机会，发现猎物。

大连是座美丽文明的海滨城市，车站码头、商场街道，井然有序，要想趁人多拥挤下手扒窃，很难找到机会。

贺大驾着车，拉着这三个人在大街小巷瞎转悠，想找个单人独行的"倒霉蛋"抢劫；找个麻痹大意的偷窃，但始终没找到。转了几圈，天黑了，他们又钻进一家酒店，去吃、去喝。花销大，又没工作，没有经济来源，只好去偷、去抢。夜深人静，他们从酒店里出来又乘这辆租来的黑轿车在街上转悠。他们确信，在夜深人静的时候，街上的人少了，一定会遇到可以行抢的机会。

事情就是这样：如果你运气好，即使在夜深人静的时候，肩扛100万元走在小胡同里，也没人偷、没人抢；如果你运气不佳，即使囊中羞涩，遇上这伙歹徒，他们也会先打你一棒子，捅你一刀，把你放倒，然后再翻你的衣兜。

大连沿海有条滨海路，这路尽管宽阔平坦，但毕竟不是在繁华的市区，在夜深人静的时候，车辆少，行人稀，如果在这里遇上歹徒，就是件挺麻烦的事。贺大一伙驾车来到这里，希望能遇到胆大麻痹的夜行人。

凌晨1点钟左右，贺大驾驶的这辆黑轿车驶进观景台附近，他们凭借路灯，看见远处停着一辆白色轿车，车旁还站着一男一女，正在说话。

在离这两个人老远的地方，贺大把车停下了。他对荣荣说："走！你跟我下车。"荣荣说："真是的，你们去呗！"贺大说："不行，这么晚了，我一个人过去，不等我到他俩跟前，他俩就跑了。咱俩装作情侣靠近他们。"贺大还告诉贺二和沈文说："你俩注意点儿，只要我一动手，你们就赶紧过来。"说着，他先打开车门，跳下车，荣荣也下了车。贺大拉着荣荣的手，像一对情侣缓缓向前面这一男一女走去。

前面这个男的叫韩林，38岁，是个很有经济实力的人，这辆白轿车就是他的。那个女的叫蒋霞，32岁，是个离婚不久的单身女人。他俩倚着轿车站在那儿，唠得挺热乎。贺大拉着荣荣的手向他们走来,不知他们是毫无察觉,还是已经察觉到了而没在意。

走到他俩跟前时,贺大松开了荣荣的手,掏出刀架在韩林脖子上,说:"老实点儿!"远处的贺二和沈文见贺大下手了,赶紧跑过来助战。贺大、贺二这哥儿俩对付韩林,沈文和荣荣看住蒋霞。沈文打开白色轿车的车门,把蒋霞推进车里,让荣荣上车看着她。

韩林跟贺大他们讲理:"我也不认识你们,也没惹你们,你们想干什么?"

沈文走过来说:"夜深人静,你们不回家睡觉在这里干什么?"

"我喝了点儿酒,到这儿来醒醒酒。"

"醒什么酒?我们是维护社会治安的。你深更半夜的领个女的到这里来,肯定不是好人!那个女的肯定不是你老婆!"

韩林还要跟他们讲理。贺大说话了:"少废话,别啰嗦!我们是抢劫的,你有多少钱全拿出来!"

真相大白,一切都十分明确,韩林是遇上抢劫的了。此时韩林竟然还跟这帮抢劫犯讲道理,他说:"你说你们是维护社会治安的,像你们这么干,社会治安能好吗?"

贺二不说话,拎起手中的一根棒球棒,往韩林头上狠狠地砸了一下,韩林当即倒下了。贺二又接连砸了两下,贺大接过贺二手中的棒球棒,照韩林头上劈头盖脸地又砸了一顿。韩林一动不动了。贺大把棒子递给沈文,对贺二说:"来!把他装进后备厢,远点儿扔。"然后,贺大上了这辆白轿车,亲自驾驶。在后排座的蒋霞被夹在中间,右边是荣荣,左边是沈文,贺二驾驶他们那辆租来的黑轿车紧随其后,开始向市外驶去。

韩林被打倒,又像一只死狗一样被塞进后备厢,这一切,蒋霞都看得清清楚楚,吓坏了,浑身发抖。沈文告诉她:"你别怕,我们就是抢钱的,我们得到了钱就会保你平安。你要是不老实,刚才那个男的就是你的下场。"

蒋霞说:"我和那男的也没什么关系,也是刚认识的。你们要钱,我都给你们。"说着就从衣兜里往外掏。掏了一阵子,自己也觉得带钱太少,最后把手机也交给了沈文。沈文说:"你说,就这么一点儿东西能把你放了吗?"

蒋霞说:"只要能放我回去,你们要什么我给什么,你们什么要求我都能满足。"

沈文问:"存折呢?"

蒋霞说:"没带。我有个银行卡,上面有5万多元,密码是123456的倒读数,也就是654321,放在我家床上枕头底下的床垫底下。我离婚一年多了,家里只有我一个人。"说着交出了房门钥匙,又具体讲述了家庭住址。

驾车的贺大听得清楚,他把车停在路旁,让车上这三人都下去,他一人驾车,趁夜深人静潜入蒋霞家,取回了这张银行卡,还顺手把蒋霞家的一些金首饰和一个笔记本电脑也拿了出来。当他驾车回来时东方发白,天快亮了。

这时,他们的车已经到了大连北部的瓦房店市附近。贺大说:"咱得把后备厢里的尸体扔了。"于是,这两辆车就下了道,开到一个山脚下。他们打开后备厢,见韩林已经死亡。沈文和荣荣看住蒋霞,怕她跑了。贺大和贺二把韩林的尸体从后备厢里搬出来,扔在山脚下的一道沟边,贺大朝韩林的尸体狠狠一踢,这尸体就像一个碌子一样,滚到沟底。贺大和贺二处理完尸体转过身,看见沈文正在强奸蒋霞。蒋霞没敢反抗,正像她说的那样,只要能放了她,这伙人的什么要求她都能满足。她满足了沈文以后,贺大说:"别扯了,天马上就亮了,不把这个女的处理掉容易出事。"

蒋霞说:"我什么也没看见,什么也不知道。"

贺二说:"到了公安局,她就什么都看见了,什么都知道了。"说着,从蒋霞身后,像发疯了一样,一下子就掐住她脖子,把她撂倒,接着,双手死死地抠住她的喉咙,掐时间长了,手指头掐直了、掐硬了。贺大推开他,自己又接着掐了好长一段时间。蒋霞在怯弱中没作任何反抗,被活活掐死。

贺大、贺二把蒋霞的尸体也踢到山沟底,这四个人分别上了两辆轿车,带着"战利品"返回大连。

他们除了抢一辆白轿车以外,还按照蒋霞提供的密码,顺利地从这张银行卡上取出 5 万多元。这一回,他们不再是小偷小摸,终于干了一把大的。结果,他们还没来得及享受"战利品"就全部落入法网。

大连市中级人民法院经过开庭审理,查明事实,对其依法严惩,使死去的韩林、蒋霞及他们的亲属得到了慰藉。

不义之财来得快,监狱之门为你开。

雇用一人

大连市甘井子区沿海村民宋元和妻子张云养海虹,规模越来越大,挣钱越来越多。他们已经雇了一个帮手,还是忙不过来。是不是需要再雇一个,夫妻俩意见不统一。

宋元说:"咱养海虹,规模大,确实很累,但要想挣钱怎能怕累?另外,再雇一个得花不少钱。"

张云说:"你怎能算不开这笔账呢?雇人虽然需要费用,但雇来的人是来干活儿的,不是来当大爷的。他干活儿就有创收,如果创收少了,咱可以随时辞退,创收多了,扣除他的工资和其他费用以外还有很多剩余。在这种情况下雇人还是划算的。那些干大事、挣大钱的,主要是靠雇人干,哪能事事都自己去处理,自己的精力应当用到谋求发展上。"

丈夫又说:"不能光算明账,暗账也得算。假如雇的人来了,在干活儿中有伤残或者生病了,你不管吗?你没看见邻居雇的保姆偷主人东西吗?"

"偷什么了?邻居都没发现你怎么知道?"

"不少人都知道。保姆扔垃圾,把垃圾袋拎到垃圾桶跟前,不直接扔到垃圾桶里,先把垃圾袋放在地上,从袋里掏出个小袋儿揣兜里,然后再把垃圾扔了。估计是偷主人的味素什么的。在人家屋里直接往兜里揣不方便,就这么干。"

"咱家没什么可偷的。养的海虹在海里,他还能自己捞点儿拿走啊!家里除了冰箱、彩电、洗衣机,就是被褥、衣服,有什么可偷的?钱存在银行,几个零钱有数,怕什么!"

关于雇人的事儿,他俩一有空闲就探讨其利弊,意见始终不能统一,因此就把这事儿撂下了,没雇成。至于雇人应该注意哪些问题,他们一直没探讨、没研究。但讨论时间长了,宋元觉得妻子的意见也不是毫无道理。

春节过后,3月初的一天,村民杜玉堂来到宋元家,在闲聊时杜玉堂说:"我养鸡盈利不多,准备不干了。我雇的那个大李子真能干,让他走了真可惜,很难找到这样的。"

宋元问:"你雇的这个大李子是哪儿的人?"

"河南的,他吃在这里、住在这里,里里外外的活儿全由他一人管。这小子一米八的大个子,身大力不亏,真能干。"

"你不养鸡了,他上哪儿?"

"他愿上哪儿就上哪儿,我管那事儿干什么?"

"他要愿意,就让他到我这儿来先干几天。如果能适应,可以长期在我这儿干下去。"

过了几天,杜玉堂真的把大李子领来了。大李子姓李,因为身材高大,人们都叫他"大李子"。由于是熟人领来的,宋元夫妻也就没再细心了解这个人的真实姓名、住址和身份证号码等应当了解的基本情况,更没跟他签订劳动合同,只是口头议定了工钱等内容。宋元夫妻知道大李子是河南人,对大李子需要包吃、包住。让大李子住在什么地方呢?住在养殖场吧,那里的几间房屋是仓库,吃住条件都很差,宋元夫妻就让他和自己住在一起。宋元夫妻虽然有儿子,但儿子已经结婚另安家,不经常回来,大李子住在身边,既是保镖,让他干活儿也方便。

宋元住在沿海农村,家里有五间房。其中一间是厨房,厨房的东西两侧各有两间。宋元与老伴儿住东边两间,西边的两间闲着,就让大李子住西屋。他们待大李子如同亲儿子。

对于一个不了解的陌生人,让他与自己同住一处,是一个大疏忽、大失误。

大李子在杜玉堂家主要的活儿是喂鸡、捡鸡蛋、起鸡粪,都是陆地上的活儿。到了宋家,工作变了,大部分是在海上干活儿,他一时还不适应,由于宋元夫妻待他热情,亲如一家,他就没好意思说要离去,勉强干了下去。

干了一个来月,大李子坚持不住了,不想干了。再加上到了5月份,家乡收麦子,家里既缺劳力又缺钱,他想回家。

在宋元家干了一个来月,大李子对宋家很了解,知道他家富裕。而宋元夫妻呢,只知道干活儿挣钱,根本不问大李子的家庭住址,甚至连个具体的名字也不知道,只跟他叫大李子。由此大李子产生了这样的想法:夜里把宋元夫妻杀了,抢了他家的财物,跑回河南老家,不会有人查到那里。他一连犹豫了三四天,最后下了毒手。

他和宋元夫妻住在一起,只是东西屋之分,中间隔了一间厨房,夜里睡觉,东西屋都不插门,夜里起夜也都经过厨房才能走到院子里去上厕所。

一天夜里,大李子从厨房拿一把劈柴斧子来到东屋,很快就把熟睡中的宋元夫妇砍成了一堆肉泥。沿海的渔村深夜没有车辆通行，没有人员走动。大李子非常从容地翻出2000多元，又拿了宋元的一套西服、一双皮鞋，还有其他一些零碎东西，天亮之前离开这里，乘火车踏上了回家之路。

大李子一到家，妻子就问："你是不是收到了我的信？怎能这么快！我前天才给你邮出去，今天你就到家了！"

"你给我写信干什么？"

"想告诉你一下，家里一切都挺好，麦子有人帮我们收了，让你安心在那边打工。"

"你在信封上写上咱家的住址了吗？"

"写了，万一你收不到这信也能退回来。"

"完了。我在大连那边跟老板打起来了，把人打得挺重，看来我得赶紧离开家，公安很快就能找来。"

大李子在家没待下，转身又乘火车去广东深圳，潜逃到那里打工去了。三年半以后，公安机关掌握了大李子的下落，大连市公安局甘井子区分局派人到深圳，在当地公安机关的配合下，将大李子抓获并押回大连。

大李子连杀两人，没有从轻处罚的理由。大连市中级人民法院经过公开审理，认定他犯抢劫杀人罪，将他判处严厉的刑罚。

 对陌生人不防范，对自己很危险。

夏荣购房

郊区有棵大树,离大树不远有一只大黄狗正在用两只前爪从新挖的土坑里往外扒东西。青年学生小刘看到了,感到好奇,就凑到跟前,想看一看这狗在扒什么。

这只狗看见有人靠近,龇牙咧嘴,瞪眼吼叫,不让靠近,也不肯离开它扒的那个坑。这时,小刘已经看到两只狗爪子下面有个蓝色塑料包,这个塑料包已经被狗抓破,露出一只人手,清清楚楚,五根手指历历可数。小刘立刻向公安机关报告。

公安人员赶到现场,起出了这个塑料包,打开一看,里边包着一块没有头颅、没有下肢的女性躯干部尸块。从当时的季节和这块尸块腐烂的程度可以推算,被害人死亡的时间应该在七八天以前。

说也凑巧,就在这个时候,有位 60 岁左右的老太太到公安机关报告,说她女儿在 10 天前失踪了,至今未归。这老太太说,她女儿离婚后就跟她在一起生活,由于离婚时房子给男方了,男方给了一笔钱,她就想用这些钱再添一部分买个门市房,自己开一个食杂店来维持生活。从这位老太太反映的情况了解到,她女儿叫夏荣,在10天前,有个叫张文康的曾经跟夏荣联系过,要把房子卖给夏荣。

那么,死者是不是夏荣?张文康与这起案件有联系吗?根据这位老太太提供的线索,公安人员来到了张文康家,向他询问有关情况。在询问时,公安人员发现墙角有几滴血迹,经秘密提取,回来后进行鉴定,随后又对尸块进行了血迹鉴定,结果血型相同,公安机关将张文康抓获归案。在确凿的证据面前,张文康不得不供出他的犯罪事实。原来是这样的:

夏荣听说张文康有一处一楼的楼房要卖,这房子临街,可以当门市房用。经人介绍,夏荣找到了张文康,向他提出买房子的事。张文康以前确实提出要卖房子,但由于房价在涨,特别是可作为门市房的一楼,涨幅更大,认为这房子的价钱还会涨,就不想卖了。但他见夏荣一个人来,从言谈中知道她离婚了,只有一人,由于"女人无夫身无主",便对她起了邪念,说:"现在市场上的房子卖得可快了,前天还有一个人要买我这房子,他回去准备钱去了。你如果想买,可以,但必须先交5万元订金。不管是谁,先交了订金,这房子就不能再卖给别人了。"

夏荣买房心切,屋里屋外详细看了一下,跟张文康讲好房价,然后说:"5万元我有,其余部分我也很快就会凑齐,这房子我买定了,你不能再卖给别人。"

张文康说:"讲别的都没有用,你要真心想买,先交5万元订金,然后我给你腾出房子。房子腾出来了,你就得赶紧把其余的购房款交齐,然后我们办理房屋过户手续,最后我把房门的钥匙交给你，房子就属于你了。"

夏荣怕他把房子再卖给别人，就说："明天晚饭后我把5万元购房订金给你送来。"就这样，他们约定了送订金的时间和地点。夏荣走了，张文康看着她扭捏的背影，对这个单身女人想入非非。

张文康认为，夏荣既然离婚了，一人生活，很可能一人来送购房订金；他们没有讲可以用银行卡，她很可能用现金。一切都在他的预料之中。

夏荣太大意了。悲剧往往降落在麻痹大意者身上。前来交5万元订金，数目不小，怎能一个人来呢？怎能不找一个证人呢？如果她稍有一点警惕，决不会遇上杀身之祸。

第二天晚饭后，夏荣拎个紫色的尼龙绸布兜，里面用一张报纸包了5捆百元大票，孤身一人来到张文康家。她一进屋，张文康就问："钱带来了吗？""带来了，全在这里呢！"张文康怕上当受骗，把这个尼龙绸布兜打开，把一个报纸包拿出来，一看，里面是5万元订金，随后就对她说："我这个人最讲信用。今天上午来了个买房子的人，来交5万元订金。我知道你今晚能来，就说已经有人先交了，这房子已经卖出去了。来人说：'我既然想买房子，就不差一千两千的，我再多给你2000元。'这时我动心了，想收他这2000元，把房子卖给他，后来一想，你晚上一定会送订金来，我就决定把房子卖给你，我把这个人推辞了。我这样做少收入2000元，损失不小！"说完眯缝着一双色眼，色眯眯地看着夏荣笑。

夏荣说："我谢谢你。"张文康问："你怎样谢？用两个谢字就行了吗？你可要知道，我少收入2000元啊。"

他这一问,夏荣不知怎样回答。这时张文康就提出要跟她发生一次性行为作为补偿。夏荣十分惊讶,想问:"你怎么能提出这个问题呢?"但又觉得人家宁可少收入2000元,也把房子卖给自己,就没再说什么。张文康见夏荣不言语,认为时候到了,机不可失,马上动起手脚,把她摁到床上奸污了。夏荣的软弱退让和丧失应有的警惕,滋长了张文康得寸进尺的罪恶心理。张文康把她奸污后,又伸出两只像钳子一样的大手,掐住她脖子,让她无法叫喊,无法喘气,直至把她活活掐死。

夏荣死了,张文康把这笔购房订金据为己有,贪得无厌的他又摘下夏荣身上的项链、耳环等贵重物品。为了毁尸灭迹,他把尸体分解成两块,包成两包。一包是头颅和下肢,另一包是上肢和躯干。他用自行车把这两包尸块分别驮出去,一包埋在大树下,另一包埋在一条河沟旁的草丛里。公安人员在他的带领下,把埋在河边草丛里的那一包也挖出来,把两包尸块拼在一起,整个尸体没有缺损。经验证,两包尸块都是夏荣的尸体。

夏荣由于麻痹大意而遭遇杀身之祸,实在令人警醒。

一分警惕,十分安全;一分麻痹,十分危险。